本书获江苏高校"青蓝工程"、江苏高校境外研修计划和
南京财经大学2019教学成果培育项目（JXCG1902）的支持

税收管理

朱 军 主 编
王明世 主 审

南京大学出版社

图书在版编目(CIP)数据

税收管理/朱军主编. —南京:南京大学出版社,2020.5(2023.12重印)

ISBN 978-7-305-23143-8

Ⅰ.①税… Ⅱ.①朱… Ⅲ.①税收管理 Ⅳ.①F810.423

中国版本图书馆 CIP 数据核字(2020)第 057140 号

出版发行	南京大学出版社		
社　　址	南京市汉口路 22 号	邮　编	210093
书　　名	税收管理		
主　　编	朱　军		
责任编辑	王日俊		
照　　排	南京开卷文化传媒有限公司		
印　　刷	南京玉河印刷厂		
开　　本	787×1 092　1/16　印张 11　字数 270 千		
版　　次	2020 年 5 月第 1 版　2023 年 12 月第 3 次印刷		
ISBN 978-7-305-23143-8			
定　　价	48.00 元		

网　　址:http://www.njupco.com
官方微博:http://weibo.com/njupco
微信服务号:njuyuexue
销售咨询热线:(025)83594756

* 版权所有,侵权必究
* 凡购买南大版图书,如有印装质量问题,请与所购图书销售部门联系调换

作者简介

朱军(1980—),男,江苏建湖人,南京财经大学财政与税务学院教授、院长、公共财政研究中心主任、经济学博士、财政部中国财政科学研究院博士后,德国柏林洪堡大学高级访问学者,硕士生导师。中国系统工程学会—社会经济系统分会副会长、中国财政学会第十届理事会理事、全国高校财政学教学研究会理事。2009年毕业于中央财经大学财政税务学院,获得经济学博士学位。

目前主要从事"动态财政经济学、财税理论与政策、高等教育管理"等方面的研究。曾在 Quantitative Marketing and Economics(SSCI)、《经济研究》《管理世界》《经济学季刊》《中国工业经济》《数量经济技术经济研究》《财贸经济》《金融评论》《财政研究》《税务研究》等权威 CSSCI 期刊发表论文60余篇,出版《中国税制》《地方财政学》《深化区域经济协调发展的财税政策研究》《高级财政学——现代公共财政前沿理论分析》《高级财政学Ⅱ—DSGE 的视角及应用前沿:模型分解与编程》等著作7部。研究成果曾获中国数量经济学会第十届优秀科研论文一等奖、中国税务学会第六次全国税收学术研究优秀成果一等奖。主持完成国家社会科学基金青年项目一项,入选2017年江苏省"青蓝工程"优秀青年骨干教师、2018年江苏省第五期"333 工程"第三层次培养计划中青年学术带头人。

如需全套教学资料(含 PPT、题库)请联系作者:247937882@qq.com

序 言

新中国的税制改革和税收事业发展风雨兼程,特别是改革开放以来,伴随经济体制改革的峥嵘"税月",凸显了税收服务民生的突出地位。我们不得不承认,税收制度改革是中国经济体制改革的一个重要组成部分,折射和反映了中国改革开放的恢弘历程。进入21世纪以来,随着信息化的加快发展,税收事业在传承传统的同时,创新和发展也一路相伴,税收管理能力和管理水平相对于中国国家治理能力建设的重要性也越来越突出。

特别是党的十八大以来,中国税收改革的步伐不断加快,合作领域不断拓展,税收治理能力有效提升。中国的税收管理工作在把握发展机遇、应对困难挑战方面,取得了丰富的经验和突出的成就,"金税三期"的信息化进程不断加快。与此同时,中国税收征管必须深刻把握税收管理向税收治理变迁的时代特征,在改革引导、税收法定、纳税服务、税收执法、信息技术与大数据应用、国际战略合作等方面,对传统税收征管进行系统地变革和创新。这是时代的需求,也是税收管理工作主动变革、服务改革发展大局的必然需要。

习近平总书记指出,当今世界正经历百年未有之大变局。在这一背景下,税收改革发展既面临新的机遇,又面临诸多挑战。深化对税收领域重大问题的探讨和认识,寻求更切实际、更加宽广的合作共赢路径,对更好发挥税收服务于国家治理体系和国家治理能力的建设,服务于中国未来的人类命运共同体建设必不可少。对此,南京财经大学财政与税务学院院长、公共财政研究中心主任朱军教授基于自己深厚的理论基础和多年的教研经验,编写的这本《税收管理》充分体现了习近平总书记的讲话精神。朱军教授的《税收管理》教材编写完成后,还特邀税务系统的一些专家学者进行审定、修改和把关,体现了务实、接地气的严谨治学精神。

税收管理是一门集法学、经济学、财政学、会计学、管理学以及现代信息技术等诸多学科为一体的科学。这本书基于对现代税收管理一般规律的系统把握,注重国内外前沿理论成果的借鉴,紧跟时代的发展步伐,坚持问题导向,具有较高的学术价值和实践指导价值。具体而言:(1)该教材每章提供了中国最新的实践知识和实务案例,力求提高教材的时代性和实用性;(2)教材的编写既考虑到教学、科研的应用性,又突出税收征管改革的实践成果,也归纳了一些待改革的问题;(3)该教材既注重国内税收征管趋势,也注重税收管理现代化的发展趋势。

总而言之,该教材的编写与中国基础税收人才培养的课程体系相适应,内容新颖,紧跟实践发展的步伐。该教材可供高等院校税收学专业本科生和研究生的教学使用,还可作为广大税务干部和其他相关人员学习现代税收管理理论和实践的培训教材。

国家税务总局江苏省税务局　法学博士 张爱球

2020.3

目 录

第一章 绪 论 ... 1
 第一节 现代税收管理的内涵 ... 1
 第二节 税收征管体制、机制与制度 ... 4
 [延伸阅读] ... 13
 练习题 ... 13

第二章 税务登记 ... 14
 第一节 税务登记管理 ... 14
 第二节 纳税人识别号制度 ... 19
 第三节 代扣代缴与委托代征 ... 22
 [延伸阅读] ... 28
 练习题 ... 29

第三章 账簿、凭证与发票管理 ... 31
 第一节 账簿、凭证管理 ... 31
 第二节 发票管理 ... 33
 [延伸阅读] ... 42
 练习题 ... 44

第四章 纳税申报 ... 45
 第一节 纳税申报 ... 45
 第二节 税款缴纳与税款征收 ... 49
 [延伸阅读] ... 55
 练习题 ... 56

第五章 税额确认 ... 58
 第一节 风险管理与税额确认 ... 58
 第二节 纳税评估 ... 64
 第三节 税务审计与反避税调查 ... 67
 [延伸阅读] ... 70
 练习题 ... 71

第六章 税款追征 ······ 74
- 第一节 税款追征的概述 ······ 74
- 第二节 追征调查 ······ 75
- 第三节 税款追征的权限与方法 ······ 77
- 第四节 无欠税证明的开具 ······ 86
- [延伸阅读] ······ 86
- 练习题 ······ 87

第七章 税收违法调查 ······ 88
- 第一节 税收违法调查的概念与特征 ······ 88
- 第二节 税收违法调查的分类与实施 ······ 90
- 第三节 税收违法调查的责任认定 ······ 102
- [延伸阅读] ······ 108
- 练习题 ······ 111

第八章 争议处理 ······ 112
- 第一节 争议处理的概念与特征 ······ 112
- 第二节 纳税服务投诉 ······ 113
- 第三节 税务行政复议 ······ 116
- 第四节 税务行政诉讼 ······ 124
- 第五节 税务国家赔偿 ······ 131
- 第六节 税务行政补偿 ······ 136
- [延伸阅读] ······ 138
- 练习题 ······ 140

第九章 社会保险费和非税收入征管 ······ 141
- 第一节 社会保险费管理 ······ 141
- 第二节 非税收入管理 ······ 145
- [延伸阅读] ······ 151
- 练习题 ······ 151

第十章 税收管理现代化的特征与展望 ······ 153
- 第一节 税收管理现代化的要素和特征 ······ 153
- 第二节 中国税收管理现代化的趋势与展望 ······ 156
- [延伸阅读] ······ 163
- 练习题 ······ 163

参考文献 ······ 165

后　记 ······ 167

第一章 绪 论

第一节 现代税收管理的内涵

税收管理是税务机关有效组织财政收入、保障国家运转能力的重要工作,是强化国家治理能力的重要基石。因此,充分认识税收管理的职能,确保遵循一定的原则征管是体现依法治国精神、完善国家治理体系的重要方面。

一、税收管理的概念及职能

(一)税收管理的定义

税收管理是指国家凭借政治权力,对税收分配的全过程进行决策、计划、组织、协调和监控,以保证税收收入及时足额入库,发挥税收职能和作用的一系列税款征收活动的总称。

税收管理一般属于税法的范畴。"税法"又称"税收制度",而税收制度同样也有广义和狭义之分。广义的税收制度包括税收实体法和税收程序法两部分内容。

税收实体法是规定税收法律关系主体的实体权利和义务(或者职责、职权)的法律规范的总称,其主要内容包括纳税主体、征税客体、计税依据、税目、税率、减免税等。税收实体法实际属于狭义的税收制度(仅指各税种的法律规范)。税收实体法是国家向纳税人行使征税权和纳税人负担纳税义务的要件,只有具备这些要件时,纳税人才负有纳税义务,国家才能向纳税人征税。

税收程序法有别于税收实体法,它是指以国家税收活动中所发生的程序关系为调整对象的税法,是规定税务机关征税权行使程序和纳税人(或扣缴义务人)纳税义务(或扣缴义务)履行程序的法律规范的总称。税收程序法的内容主要包括纳税人识别、税额确认、税款追征、违法调查和争议处理等方面。在一定意义上,税收管理实际上属于税收程序法的范畴。

(二)税收管理的职能

1. 保障税收实体法得到有效的实施

从逻辑上说,税收实体法本身并不能自动得以实施。税收程序作为税收管理的主要组成部分,对税收实体法的实施起着支撑保障作用。

2. 保证税收职能得以实现

税收职能一般归纳为三个:一是聚财职能,二是调控职能,三是监督职能。税收管理通过建立与社会主义市场经济体制和分税制相适应的管理体制,保证中央与地方各级政府都有稳定、充裕的财政收入来源;同时,在无偿转移取得剩余产品的过程中,实现对市场经济的调控和监督。由此可见,要实现税收职能,税收管理的存在是非常必要的。

3. 保障税收分配过程中征纳双方权利与义务得以实现

国家征税与纳税人纳税在形式上表现为利益分配关系,但经过法律明确其双方的权利与义务后,这种关系实质上已上升为一种特定的法律关系,即税收法律关系。具体是指由税法确认和保护的在国家征税机关与纳税人之间基于税法事实而形成的权利义务关系。税收法律关系中的权利和义务即构成税收法律关系的内容,包括征税主体的权力与义务和纳税主体的权利与义务两个方面。作为税收管理重要的法律依据之一的《中华人民共和国税收征收管理法》和《中华人民共和国税收征收管理法实施细则》(以下分别简称税收征管法、税收征管法实施细则)对征税主体的权力与义务和纳税主体的权利与义务都有较为明确的规定。

二、税收管理的原则

(一) 依法治税的原则

依法治税原则指的就是以法律为依据进行税收管理的一种原则,其实质是"有法可依、有法必依、执法必严、违法必究"。

1. 体现税收法治

依法治税的前提是建立健全税务法制体系。目前,我国共有18个税种,其中有16个税种是由税务机关征收。已升格为法律的单行税法有企业所得税、个人所得税、车船税、环境保护税、耕地占用税、车辆购置税、烟叶税、资源税,还有部分税种根据客观经济情况和税收征管改革的需要,将按照税收法定原则,通过立法程序逐步落地。加快税收立法的步伐是真正实现税收管理法制化的首要前提,符合习近平新时代中国特色社会主义思想的要求。

2. 严格税务执法

依法治税的关键是严格税务执法。维护税法的严肃性、统一性和权威性,提高税务机关和税务人员依法征税的权威性,各级税务机关有必要成立一支严格执法的队伍,做到"有法必依、执法必严"。要想使税收违法行为减少到最低限度,必须要增强纳税人的税法遵从意识,以保证税收职能的实现。

3. 实施税收执法监督

依法治税的保障是税务执法监督,实质要做到"违法必究",维护税收秩序。对征纳双方进行监督才是税务执法监督的内容。促进税务机关及税务人员廉洁自律、依法办事、依率计征是一方面,这主要是通过税收执法检查和税务监察这两种方法对税务人员进行监督;保证纳税人依法履行纳税义务是另一方面,这主要通过税务稽查对纳税人的纳税行为进行检查和处理。

(二)公平设计与征收的原则

税收是一种体现公平原则的分配制度。每个纳税主体、纳税义务人都得到公平、公正的待遇就是所谓的税收管理公平原则。其主要包括两个层面:一是税法公平,在立法层面主要体现为税负公平。社会主义市场经济的良性发展有赖于公平的竞争环境。税收管理的立法公平体现在税收法律法规的制定和税种税率的认定中。在制定相应法律时,应当考虑到不同纳税人的税负能力,从而使税收起到调节收入分配的作用。二是执法公平,即在执法层面,税务机关应当依据税收相关法律法规的规定,做到依法依率征收,在税收执法过程中尽量避免人为因素的干扰,尽可能减少税收执法的自由裁量权。

(三)优化完善的原则

税收管理是一个复杂的概念,其中涉及各个层级方方面面的问题,因而对税收管理工作进行优化完善是一个永恒的话题。这里面涉及以下内涵:(1)优化税务管理机构或者层次;(2)优化直接税和间接税的比例;(3)优化不同层级人员配比和结构;(4)优化内部人员素质和人员配置;(5)优化税务部门与其他部门工作和信息的交接;(6)适应经济增长和社会福利最大化的要求,优化最优的资本税或是劳动税。

(四)征管与效能的原则

税收管理的效率原则是指以较小的人力、物力和财力投入来取得较好的管理效果。税收效率的衡量方式为税收成本与税收效益的比率,其主要通过两个层次来体现:一是税收的行政效率,二是税收的经济效率。

税收成本是指征纳双方在征税和纳税过程中所付出的一切代价的总和,其中,征纳税过程是指从税收政策的制定到税款全额入库的全过程。税收的总成本包括征税成本、纳税成本及征税的社会净损失三个部分,当然对于征税的社会净损失一般难以计算,依赖复杂的投入-产出模型进行估计。而征税成本是指税务部门在行使征税权、组织税收收入过程中所花费的各种直接或间接费用。纳税成本则是指纳税人纳税申报这一过程的各种经济投入。

税收成本率是指税收成本与税收总收入之间的比率。该指标是衡量一个国家和地区税收管理水平和税收管理效率的高低。相对的,征税成本率是指征税成本与税收总收入之间的比率。在不同的国家,征税的成本与政治体制、机构设置等密切相关,也与所处的经济发展阶段相关。具体公式表示如下:

$$税收成本率=\frac{征税成本+纳税成本+社会净损失}{税收总收入}\times100\%$$

$$征税成本率=\frac{征税成本}{税收总收入}\times100\%$$

（五）专业性管理的原则

税收专业化管理是指集中有限的税务管理资源，投入到最能产生税收管理效益的活动中去，以获得更多的效益和更强的竞争力。税务部门和海关是我国目前的税收专业管理机关。税务征管主要有两种形式，分别为专业管理和协同管理，两者相互联系，又有所不同。就目前而言，税收管理以专业化管理为主，所以专业管理称之为税务征管的主要形式；协同管理称之为税务征管的必要补充形式。

（六）统一规范管理的原则

税收管理现代化是实现税收治理现代化的核心要义，而在一国范围内，实现统一、规范的管理是保证统一大市场、公平竞争和经济秩序有序的重要方面。实现税务治理现代化的坚实基础就是要规范统一税收征管体制、征管组织形式、税收征管方式以及征管业务流程，形成高效、科学、严密的征管体系。

第二节 税收征管体制、机制与制度

税收征管体制是税收工作在具体执行中的组织架构和运作模式。在总体框架和体制的基础上，实施适合各国的税收征管制度，则涉及相关税收征管制度的安排。

一、税收征管体制

（一）税收征管体制与政府间的收入分配关系

一国的税收征管体制依托于该国政府间的收入分配关系。政府间的收入分配关系是财政体制的问题，是决定税收收入分成和征管的宏观设计。对于我国而言，在当前，为进一步理顺中央与地方财政的分配关系，支持地方政府落实减税降费政策、缓解财政运行困难，按照党中央、国务院决策部署，在实施更大规模的"减税降费"后开始调整中央与地方的收入划分。

第一，保持增值税"五五分享"比例稳定。继续保持增值税收入划分"五五分享"比例不变，即中央分享增值税的50％、地方按税收缴纳地分享增值税的50％。

第二，调整完善增值税留抵退税分担机制。建立增值税留抵退税长效机制，结合财政收入形势确定退税规模，并保持中央与地方"五五"分担比例不变。为缓解部分地区留抵退税压力，增值税留抵退税地方分担的部分（50％），由企业所在地全部负担（50％）调整为先负担15％，其余35％暂由企业所在地一并垫付，再由各地按上年增值税分享额占比均衡分担，垫付多于应分担的部分由中央财政按月向企业所在地省级财政调库。合理确定省以下退税分担机制，切实减轻基层财政压力。具体办法由财政部研究制定。

第三,后移消费税征收环节并稳步下划地方。在征管可控的前提下,将部分在生产(进口)环节征收的现行消费税品目逐步后移至批发或零售环节征收,拓展地方收入来源,引导地方改善消费环境。改革调整的存量部分核定基数,由地方上解中央,增量部分原则上将归属地方,确保中央与地方既有财力格局稳定。具体办法由财政部会同税务总局等部门研究制定。

根据国务院关于实行分税制财政管理体制的规定,我国的税收收入分为中央固定收入、地方固定收入和中央与地方共享收入。

(1)中央政府固定收入包括消费税(含进口环节海关代征的部分)、车辆购置税、关税、船舶吨税、海关代征的进口环节增值税等。

(2)地方政府固定收入包括城镇土地使用税、耕地占用税、土地增值税、房产税、车船税、契税、烟叶税、环境保护税。

(3)中央政府与地方政府共享收入的划分。中央政府与地方政府共享收入的划分情况如下。

表1-1 中央政府与地方政府共享收入的划分

收入类型	划分情况
增值税	国内增值税中央政府分享50%,地方政府分享50%。进口环节由海关代征的增值税和铁路建设基金营业税改征增值税为中央收入。
企业所得税	国有邮政企业(包括中国邮政集团公司及其控股公司和直属单位)、中国工商银行股份有限公司、中国农业银行股份有限公司、中国银行股份有限公司、国家开发银行股份有限公司、中国农业发展银行、中国进出口银行、中国投资有限责任公司、中国建设银行股份有限公司、中国建银投资有限责任公司、中国信达资产管理股份有限公司、中国石油天然气股份有限公司、中国石油化工股份有限公司、海洋石油天然气企业(包括中国海洋石油总公司、中海石油(中国)有限公司、中海油田服务股份有限公司、海洋石油工程股份有限公司)、中国长江电力股份有限公司等企业缴纳的企业所得税(包括滞纳金、罚款)为中央收入,其余部分中央政府分享60%,地方政府分享40%。
个人所得税	分享比例与企业所得税相同。
资源税	海洋石油企业缴纳的部分为中央收入,其余部分为地方收入。2016年7月1日起,在河北省开展水资源税改革试点工作。水资源税中央政府分享10%,地方政府分享90%,河北省在缴纳南水北调工程基金期间,水资源税收入全部留给该省。
城市维护建设税	各银行总行、各保险总公司集中缴纳的部分为中央收入,其余部分为地方收入。
印花税	证券交易印花税收入为中央收入,其他印花税收入为地方收入。

(二)税收管理权限的划分

税务管理权限,又叫"税权",包括税务立法权和税务执法权两个方面。

1. 中国税务立法权划分的层次:

(1)全国性税种的立法权,即包括全部中央税、中央与地方共享税和在全国范围内征收的地方税税法的制定、公布和税种的开征、停征权,属于全国人民代表大会及其常务委员会。

(2) 经全国人大及其常委会授权,全国性税种可先由国务院以"条例"或者"暂行条例"的形式发布施行。行经一段时期后,再修订并通过立法程序,由全国人大或者全国人大常委会正式立法。

(3) 经全国人大及其常委会授权,国务院有制定单行税法的实施条例、增减税目和调整税率的权力。

(4) 经全国人大及其常委会的授权,国务院有税法的解释权;经国务院授权,国务院税务主管部门(财政部和国家税务总局)有税收暂行条例的解释权和制定暂行条例实施细则的权力。

(5) 省级人民代表大会及其常务委员会有根据本地区经济发展的具体情况和实际需要,在不违背国家统一税法,不影响中央的财政收入,不妨碍国内统一市场的前提下,开征全国性税种以外地方税种的税收立法权。税法的公布,税种的开征、停征,由省级人民代表大会及其常务委员会统一规定,所立税法在公布实施前须报全国人大常委会备案。

(6) 经省级人民代表大会及其常务委员会授权,省级人民政府有本地区地方税法的解释权和制定税法实施细则、调整税目、税率的权力,也可在上述规定的前提下,制定一些税收征收办法,还可以在全国性地方税条例规定的幅度内,确定本地区适用的税率或税额。上述权力除税法解释权外,在行使后和发布实施前须报国务院备案。

(7) 地区性地方税种的立法权应只限于省级立法机关或经省级立法机关授权同级政府,不能层层下放。所立税法可在全省(自治区、直辖市)范围内执行,也可只在部分地区执行。

2. 税收执法权的划分

目前,中国税收管理机构主要有财政部、国家税务总局、海关总署等。中国的税收执法权的划分如下:

(1) 财政部是国务院主管财务收支、财税政策和国有资本金基础工作的宏观调控部门。该部主要职责与税收直接相关的内容包括拟定、执行税收的发展战略、方针政策、中长期规划、改革方案和其他相关政策;提出运用财税政策实施宏观调控和综合平衡社会财力的建议;提出税收立法计划,与国家税务总局共同审议上报税法和税收条例草案;根据国家预算安排,确定财政收入计划;提出税种增减、税目税率调整、减免税和对中央财政影响较大的临时特案减免税的建议;参加涉外税收和国际关税谈判,签订涉外税收协议、协定草案;制定国际税收协议、协定范本;承办国务院关税税则委员会的日常工作;监督财税方针、政策、法规的执行情况。

(2) 国家税务总局是国家最高税务机构,是中央税务行政机关,也是国务院主管税收专门业务的直属机构,为正部级,其职责如下:

① 具体起草税收法律法规草案及实施细则并提出税收政策建议,与财政部共同上报和下发,制订贯彻落实的措施;② 负责对税收法律法规执行过程中的征管和一般性

税政问题进行解释,事后向财政部备案;③ 承担组织实施税收及社会保险费、有关非税收入的征收管理责任,力争税费应收尽收;④ 参与研究宏观经济政策、中央与地方的税权划分并提出完善分税制的建议,研究税负总水平并提出运用税收手段进行宏观调控的建议;⑤ 负责组织实施税收征收管理体制改革,起草税收征收管理法律法规草案并制定实施细则,制定和监督执行税收业务、征收管理的规章制度,监督检查税收法律法规、政策的贯彻执行;⑥ 负责规划和组织实施纳税服务体系建设,制定纳税服务管理制度,规范纳税服务行为,制定和监督执行纳税人权益保障制度,保护纳税人合法权益,履行提供便捷、优质、高效纳税服务的义务,组织实施税收宣传,拟订税务师管理政策并监督实施;⑦ 组织实施对纳税人进行分类管理和专业化服务,组织实施对大型企业的纳税服务和税源管理;⑧ 负责编报税收收入中长期规划和年度计划,开展税源调查,加强税收收入的分析预测,组织办理税收减免等具体事项;⑨ 负责制定税收管理信息化制度,拟订税收管理信息化建设中长期规划,组织实施金税工程建设;⑩ 开展税收领域的国际交流与合作,参加国家(地区)间税收关系谈判,草签和执行有关的协议、协定。办理进出口商品的税收及出口退税业务。

(3) 中华人民共和国海关总署是国务院直属机构,为正部级。主要职责是:负责全国海关工作、组织推动口岸"大通关"建设、海关监管工作、进出口关税及其他税费征收管理、出入境卫生检疫和出入境动植物及其产品检验检疫、进出口商品法定检验、海关风险管理、国家进出口货物贸易等海关统计、全国打击走私综合治理工作、制定并组织实施海关科技发展规划以及实验室建设和技术保障规划、海关领域国际合作与交流、垂直管理全国海关、完成党中央国务院交办的其他任务。中央纪委国家监委在海关总署派驻纪检监察组。

中国海关加强监管严守国门安全。以风险管理为主线,加快建立风险信息集聚、统一分析研判和集中指挥处置的风险管理防控机制,监管范围从口岸通关环节向出入境全链条、宽领域拓展延伸,监管方式从分别作业向整体集约转变,进一步提高监管的智能化和精准度,切实保障经济安全,坚决将洋垃圾、走私象牙等危害生态安全和人民健康的货物物品以及传染病、病虫害等拒于国门之外;有效实施知识产权海关保护。

中国海关致力于简政放权促进贸易便利。整合海关作业内容,推进"查检合一",拓展"多查合一",优化通关流程,压缩通关时间。整合各类政务服务资源与数据,加快推进国际贸易"单一窗口",实现企业"一次登录、全网通办"。加快"互联网+海关"建设,通关证件资料一地备案、全国通用,一次提交、共享复用。加快建设服务进出口企业的信息公共服务平台,收集梳理各国进出口产品准入标准、技术法规、海关监管政策措施等,为进出口企业提供便捷查询咨询等服务,实现信息免费或低成本开放。

(4) 国务院关税税则委员会是国务院的议事协调机构,其主要职责是组织起草关税法律、行政法规草案及实施细则。提出关税税目税率的调整建议。提出关税和进口税收政策建议。拟订关税谈判方案,承担有关关税谈判工作,提出征收特别关税建议。

(三)税务机构设置

税收管理的组织体系包括税务机构设置与税务人员管理。根据社会经济发展和税收管理体制的需要,并按照财权与事权相统一的原则,一级政权有一级财政,相应也建立一级税务机关。

2018年,党中央和国务院决定改革国税地税征管体制,将省级和省级以下国税地税机构合并,具体承担所辖区域内各项税收、非税收入征管等职责。国税地税机构合并后,实行以国家税务总局为主与省(区、市)人民政府双重领导管理体制。

国家税务总局是国务院直属机构,为正部级,其内设机构有办公厅、政策法规司、货物和劳务税司、所得税司、财产和行为税司、国际税务司、社会保险费司(非税收入司)、收入规划核算司、纳税服务司、征管和科技发展司、大企业税收管理司、稽查局、财务管理司、督察内审司、人事司、党建工作局、机关党委、离退休干部局等。直属单位有教育中心、机关服务中心、电子税务管理中心、集中采购中心、税务科学研究所、税收宣传中心、税务干部进修学院、中国税务杂志社、中国税务报社、中国税务出版社等。

二、税收征管机制

(一)税收征管方式

税收征管方式是税收征管过程中,税务机关在税收征管组织机构、税收征管形式等方面所采取的规范形式和结合方式,其表现形式是税务征收、管理、检查,即征、管、查的组合形式。

2012年7月在全国税务系统深化税收征管改革工作会议上,提出当前和今后一个时期各级税务机关要牢记"为国聚财、为民收税"的神圣使命,围绕"服务科学发展、共建和谐税收"的工作主题,完善体制机制,优化个性服务,推行风险管理,强化信息管税,建设专业团队,全面提高大企业税收专业化管理水平。同时,深入推进大企业税收专业化管理要完善体制机制,形成工作合力;优化个性服务,促进税法遵从;推行风险管理,合理配置资源;实施信息管税,强化管理手段;建设专业团队,提供人才保障。

2017年,为推进税收征管体制、机制和制度创新,进一步推动税收征管方式转变,增强改革的前瞻性、统一性、协调性,按照"放管服"的改革要求,将推行纳税人自主申报纳税、提供优质便捷办税服务作为构建集约高效的现代化税收征管方式的前提,依托现代信息技术,在分类分级管理的基础上以税收风险为导向,进一步增强税收在国家治理中的基础性、支柱性、保障性作用。

以下从四个方面来展现税收征管方式的转变:

一是完善与事中事后管理相适应的征管制度体系。推进征管业务改革和制度创新,以此保证权责清晰、顺畅高效的现代税收征管基本程序的建立与发展。为进一步压缩办税时间,减少报送材料,优化营商环境,减轻征纳负担,通过简并、优化、共享的方式完善征管制度审核和联动机制,专项清理征管制度与办税制度,梳理现行办税制度、流程和涉税资料。在完善"事中事后"管理措施的同时，逐步推行电子发票，应用发票底账，提高税务机关对非税收入的统征效率，如社会保险费、残疾人保障金、文化事业建设费、教育费附加、废弃电器电子产品处理基金等，以此从源头防范偷骗税风险，加强税费联动管理。各级税务机关要建立与税收风险管理流程相融合的现代税收征管基本程序，需以纳税人自主申报纳税为前提，主要环节应由申报纳税、税额确认、税款追征、违法调查、争议处理等构成。

二是构建分类分级的专业化管理体系。为了解决征管资源配置的结构性问题，逐步建立与转变税收征管方式相适应的税务组织体系，实施纳税人分类分级管理，优化征管资源配置，在平均分配征管资源传统做法的同时，逐渐改变"同职同构"的模式设置征管机构。

三是建立严密高效的税收风险管理运行机制，构建立体化、全闭环、持续改进的风险防控网络。风险应对的重要手段有纳税评估、税务审计、反避税调查、税务稽查，应当树立大风险理念，对税收风险应对方式加以统筹优化，将风险管理贯穿税收管理全过程。风险管理体系的重要组成部分和传统"征、管、查"链条中的最后一道防线均指的是税务稽查。对自然人而言，要通过交叉比对自行申报信息、扣缴信息、第三方涉税（费）信息等方式，分析个人所得税、车船税、车辆购置税和社会保险费等税费风险。健全征管质量监控评价体系，要做到加强各个环节的风险防范，诸如商事登记制度改革后发票领用、涉税事项备案、申报纳税、注销登记等环节。

四是优化以数据治理为重心的税收信息化体系。为加强税收数据管理，组织税收大数据体系化应用，依托金税三期，在统一社会信用代码和自然人纳税人识别号（身份证号）的基础上，建立标准统一、数据集中的全国法人税收信息库和自然人税收信息库。在建设全国通用的电子税务局的同时，组织税收大数据平台建设，优化提升金税三期功能。

(二) 税源专业化管理

在税源管理方面，坚持属地原则，实施分类管理，在按行政区划实行属地管理的基础上，对辖区内纳税户根据生产经营规模、性质、行业、经营特点、企业存续时间和纳税信用等级等要素以及不同行业和不同类别企业的特点，实施科学合理的分类管理，即税源专业化管理。

经过2006年全国税源管理工作会议大讨论，2013年国家税务总局在原"34字"税收征管模式基础上，适时提出了"以纳税人自主申报纳税为前提，以促进税法遵从为目标，以风险管理为导向，依托专业化、信息化管理方式，优化服务，加强评估，集约稽查，依法征收"的现代税收征管新模式。

2017年，国家税务总局提出转变税收征管方式提高税收征管效能的总体思路，要以依法征管、权责清晰、科学效能为原则，坚持问题导向、顶层设计、统筹实施，按照"放管服"改革要求，以推行纳税人自主申报纳税、提供优质便捷办税服务为前提，以分类分级管理为基础，以税收风险管理为导向，以现代信息技术为依托，推进税收征管体制、机制和制度创新,努力构建集约高效的现代税收征管方式,进一步增强税收在国家治理中的基础性、支柱性、保障性作用。转变税收征管方式的重点是,在保持税款入库级次和入库地点不变的前提下,实现事前审核向事中事后监管、固定管户向分类分级管户、无差别管理向风险管理、经验管理向大数据管理的"四个转变",对纳税人加强税法遵从度分析,应对税收流失风险,堵塞征管漏洞,对税务人加强征管努力度评价,防范执法和廉政风险,提高征管效能。①

税源专业化离不开分类分级管理。分类分级管理是在保持税款入库级次不变的前提下,对纳税人和涉税事项进行科学分类,对税务机关各层级、各部门管理职责进行合理划分,运用风险管理的理念和方法,依托现代信息技术,提升部分复杂涉税事项的管理层级,将有限的征管资源配置于税收风险或税收集中度高的纳税人,实施规范化、专业化、差异化管理的税收征管方式。

三、税收征管制度

（一）纳税人识别

纳税人识别号是纳税人数据信息内外部交换共享的基础。每个纳税人的纳税人识别号都是唯一的。2015年1月5日,根据国务院法制办公布的《中华人民共和国税收征收管理法修订草案（征求意见稿）》（以下简称2015年税收征管法修订草案）,未来每个公民可能都将拥有一个由税务部门编制的唯一且终身不变、用来确认其身份的数字代码标识。

对于已存在的纳税人识别号不必随国家行政区划代码的调整而调整。对于同一税务机关,如果本地区不同时期的行政区划代码不同,其所辖纳税人的纳税人识别号的前六位可以有不同的区划代码。新开办企业可使用新的行政区划代码。

（二）凭证管理

凭证管理主要包括账簿凭证管理和发票管理等方面。当然,发票本身就是重要凭证。因此,凭证管理与发票管理既有区别又有重合。

账簿,是由具有一定格式而又联结在一起的若干账页组成,用来记录各项经济业务的簿籍,是编制报表的依据,也是保存会计数据资料的重要工具。账簿按其作用分为总账、明细账、日记账及其他辅助性账簿;按其形式分为订本式账簿、活页式账簿和卡片式账簿。

凭证,一般是指会计凭证。它是记录经济业务,明确经济责任并据以登记账簿的书面证明。会计凭证分为原始凭证和记账凭证两类。原始凭证是经济业务发生时取得或填制的凭证,如发票等。记账凭证是由会计人员根据审核无误的原始凭证,按其内容应用会计科目和复式记账方法编制的载有会计分录的凭证,是登记会计账簿的直接依据。

（三）涉税信息报告

根据规定,税务机关依法实施特别纳税调整的,可以要求纳税人或者其税务代理人

---

① 《国家税务总局关于转变税收征管方式提高税收征管效能的指导意见》（税总发〔2017〕45号）

提交税收安排。涉税专业服务机构掌握着较为全面的纳税人涉税信息,必要情况下可以为税务机关实施税源管理、强化反避税管理提供较好的支持。但在实务中,如果备案的税收安排为非法避税方案,基层税务机关开展税收征收管理可能面临一定的风险。

目前,在我国涉税信息报告制度还不够健全,涉税信息报告的主体不够清晰,有待今后立法完善。尽管如此,一些涉税信息报告要求已进行明确。如,涉税专业服务机构为委托人出具的各类涉税报告和文书,由双方留存备查。当纳税人出现涉嫌偷税、逃避追缴欠税、骗取退税款等违法情况时,服务信息应向税务稽查部门推送。既应当明确涉税专业服务机构向稽查部门报送纳税人涉税信息的要求,还应当明确、合理地界定其信息提供义务,什么情况下涉税专业服务机构需要向税务部门提供涉税信息、具体需要提供什么信息等。同时,根据保密原则,依法规范税务部门对涉税信息的使用和相关处罚措施。

(四)申报纳税

申报纳税是税款进入税收征管的起始程序,申报纳税包括申报和纳税。站在税务机关的角度,就是纳税人向税务机关申报和纳税人如何缴纳的问题。

纳税申报是纳税人在发生纳税义务后,按照税法规定的期限和内容向主管税务机关提交有关纳税报告的法律行为,是界定纳税人法律责任的主要依据,是税务机关税收管理信息的主要来源。

(五)税额确认

税额确认是税收征管的核心程序。由于现行税收征管法没有对税额确认进行定义,税额确认目前还没有明确的法律地位。该内容将在后续章节通过纳税评估、税务审计和反避税调查等方面进行概括性阐述。

(六)税款追征

税款追征是指在税务机关在税款征缴过程中,依法对已申报税款尚未入库的税款进行追征的制度。追征税款的前提条件是纳税人、扣缴义务人已经申报了税款。

(七)违法调查

税务稽查是税务机关依据国家税收政策、法规和财务会计制度等规定,对纳税人、扣缴义务人和其他税务当事人履行纳税义务、扣缴义务及税法规定的其他义务等情况进行监督检查的一种管理活动。税务稽查是税收管理的重要环节,是对税收日常征收管理工作的重要补充,是国家监督管理的重要组成部分。

(八)争议处理

税收争议处理的方式主要包括纳税服务投诉、税务行政复议、税务行政诉讼、税务国家赔偿和税务行政补偿等几个方面。

(1) 纳税服务投诉。为了维护纳税人的权利,更好地深化"放管服"改革和优化营商环境,建立和完善纳税服务投诉必不可少。各级税务机关的纳税服务部门是纳税服务投诉的主管部门,负责纳税服务投诉的接收、受理、调查、处理、反馈等事项。纳税服务投诉的范围主要包括:对税务机关工作人员服务言行进行投诉,对税务机关及其工作人员服务质效进行投诉,纳税人对税务机关及其工作人员在履行纳税服务职责过程中侵害其合法权益的行为进行其他投诉。2019年6月26日,国家税务总局修订了《纳税服务投诉管理办法》,自2019年8月1日起施行。该办法对纳税服务投诉工作进行规范和优化,进一步提高监督投诉质效,更好维护纳税人、缴费人合法权益。

(2) 税务行政复议。纳税人、扣缴义务人或者其他当事人认为税务机关具体行政行为侵犯其合法权益的,可向税务机关提出行政复议申请,税务机关受理行政复议申请,并作出行政复议决定。税务机关负责法制工作的机构为复议机构,具体办理行政复议事项。税务行政复议实行复议前置制度。纳税人、扣缴义务人、纳税担保人同税务机关在纳税上发生争议寻求争议处理时,应先申请行政复议,对行政复议决定不服的,才能依法向人民法院提起行政诉讼。而且申请行政复议,必须先依照税务机关的纳税决定缴纳或者解缴税款及滞纳金或者提供相应的纳税担保。

(3) 税务行政诉讼。纳税人、扣缴义务人、纳税担保人同税务机关在纳税上发生争议必须先申请行政复议,对行政复议决定不服的,才能依法向人民法院起诉。纳税人、扣缴义务人、纳税担保人或者其他当事人对税务机关的处罚决定、强制执行措施、税收保全措施或者其他具体行政行为不服的,可以直接向人民法院起诉。税务行政诉讼的受案范围与税务行政复议的受理范围一致。诉讼期间,税务机关做出的具体行政行为不停止执行。除非作为被告的税务机关认为需要停止执行;或者原告申请停止执行,人民法院认为该具体行政行为的执行会造成难以弥补的损失,并且停止执行不损害社会公共利益,裁定停止执行。

(4) 税务国家赔偿。国家赔偿是指国家行政机关及其工作人员违法行使职权,侵犯公民、法人或其他组织的合法权益并造成损害,由国家承担赔偿责任的制度。这是税务机关工作有错的救济措施。税务国家赔偿请求人在法定期限内提出赔偿请求后,负有赔偿义务的税务机关应当自收到申请之日起2个月内依照法定的赔偿方式和计算标准给予赔偿;逾期不赔偿或者赔偿请求人对赔偿数额有异议时,赔偿请求人可以在期限届满之日起3个月内向人民法院提起诉讼。

(5) 税务行政补偿。税务行政补偿是指税务行政主体为了实现国家利益、社会公共利益或者其他法定事由的需要,在税务行政管理中做出的合法行政行为给公民、法人或者其他组织的财产权益造成了损失,由国家基于保障财产权和公平原则予以救济的具体行政行为。税务行政补偿的主体是国家,补偿义务机关是税务行政主体。能够引起行政补偿发生的,必须是税务行政主体及其工作人员依法履行职责、执行公务的行为。税务国家赔偿所针对的损害是税务机关及其工作人员的违法行为,这是税务行政补偿与税务国家赔偿最主要的区别。

[延伸阅读]

美国最早开始收税是1634年,南北战争时期南方政府和北方政府都曾利用个人所得税获取税收收入支付战争开销。内战结束后,政府开支减少,征税的有关法令被废除,百姓也就不用纳税了。可惜好景不长,1894年美国联邦政府在财政压力下,又开始征收个人所得税。反对征税的百姓亦不示弱,很快把官司打到了美国最高法院,其根据是美国基本法明确不按人口比例征税或在公民投票同意征税之前,政府没有权力让百姓纳税。最高法院的法官们通过讨论,认为征税的确不符合美国基本宪法,必须予以废除,反对税务派大获全胜。最高法院的裁决无疑是给政府财政政策的当头一棒。直到1913年美国国会正式通过第16条基本宪法修改法案,正式肯定联邦政府有权对美国公民征收个人所得税,美国才得以正式立法征收个人所得税。

(资料来源:根据曾尔恕《美国宪法规定的国会征税权》一文整理形成,《政法论坛》1988年第1期)

练习题

一、名词解释

税收管理　　　　法治原则　　　　公平原则　　　　效率原则
税务管理权限　　税收征管体制　　税收征管制度　　税收征管方式

二、简答题

1. 简述税收管理的内容。如何理解税收管理的原则?
2. 简述税收管理体制的内容。目前我国分税制税收征收范围是如何划分的?
3. 简述目前我国税收征管方式的现状。
4. 简述我国税收管理的制度主要有哪些?

三、案例分析

2018年4月12日,某税务局执法人员李某由于工作需要,依法到A公司进行税务检查(A公司为一家高科技企业)。李某调阅了该公司的相关材料,其中包括相关核心技术资料。李某发现,这些核心资料恰好是其朋友的公司急需的,于是将其电子资料拷贝并交给了朋友。为此,A公司遭受了很大的经济损失。经过调查,A公司发现了李某的作为,认为他的行为侵害了本公司的利益,决定通过法律途径来维护自身的权益。

通过上述案例,请分析:

1. 李某在执法过程中是否符合法定程序,他的行为是否侵犯了A公司的权益?什么权益?为什么?
2. A公司可以采取哪些手段维护自己的合法权益?

第二章 税务登记

第一节 税务登记管理

税务登记是税收管理的基础工作,是统计纳税人信息的基础,是做好纳税人户籍管理的入口。目前,在传统税务登记制度的基础上,中国正在完善税务登记的信息归集和统筹使用。

一、税务登记的概念与作用

(一) 税务登记的概念

税务登记是税务机关依据税法规定,对纳税人的生产、经营活动进行登记管理的一项法定制度,也是纳税人依法履行纳税义务的法定手续。税务登记是整个税收征收管理的起点。税务登记种类包括设立登记,变更登记,停业、复业登记,注销登记,非正常户管理,外出经营报验登记等。

"多证合一"制度改革后,新设立登记的企业、农民专业合作社(以下统称"企业")领取由市场监督管理部门核发加载法人和其他组织统一社会信用代码的营业执照后,无须再次进行税务登记,不再领取税务登记证。企业首次办理涉税事宜时,税务机关依据市场监督管理部门共享的登记信息制作《"多证合一"登记信息确认表》,提醒纳税人对其中不全的信息进行补充,对不准的信息进行更正,对需要更新的信息进行补正。对于市场监管部门登记已采集信息,税务机关不再重复采集;其他必要涉税基础信息,可在企业办理有关涉税事宜时,及时采集,陆续补齐。在完成相关信息采集后,企业凭加载统一社会信用代码的营业执照可代替税务登记证使用。

税务部门与民政部门之间能够建立省级统一的信用信息共享交换平台、政务信息平台、部门间数据接口并实现登记信息实时传递的,可以参照企业"多证合一"的做法,对已取得统一社会信用代码的社会组织纳税人进行"多证合一"登记模式改革试点,由民政部门受理申请,只发放标注统一社会信用代码的社会组织(社会团体、基金会、民办非企业单位)法人登记证,赋予其税务登记证的全部功能,不再另行发放税务登记证件。

从事生产、经营的个人应办而未办营业执照,但发生纳税义务的,可以按规定申请办理临时税务登记。

(二)税务登记的作用

如前所述,税收征管的首要环节和基础工作是税务登记,在税务机关依法征税与纳税人依法纳税方面,建立税务登记制度具有重要的意义。税务登记能够有效地组织税收征管工作,减少税收流失,因为通过税务登记,税务机关能够全面掌握本地区各行各业的纳税人户数,以此来准确掌握税源的分布状况,合理地配置税收征管资源。同时,税务登记还有利于增强纳税人依法纳税的意识,提高纳税人计算税款的准确性。具体而言,经济作用如下:

(1) 税务登记确认了征纳双方的税收法律关系。可从以下三个方面来解释:一是税收法律关系主体的确认,即征税主体和纳税主体。二是税收法律关系内容的确认,即征纳双方权利与义务关系的确认;税务机关通过向纳税人颁发税务登记证件(注:"多证合一"改革后,不再颁发税务登记证件,只发营业执照),以书面形式确认征纳双方征税与纳税的权利和义务。三是税收法律关系客体的确认,即主体权利和义务指向的对象,包括收入、所得、资源、财产等。

(2) 税务登记有利于税务机关掌握税源情况,防止漏管漏征。税务机关想要全面了解掌握税源的分布状况,需要通过税务登记。同时,税务登记在税源控管、防止漏管漏征方面极其有利,在加强申报征收管理工作中也发挥了重要作用。

二、税务登记的内容

税务登记包括设立登记、变更登记、停复业登记、注销登记、非正常户管理、跨区域经营管理等。[①]

(一) 设立登记

设立登记,是指企业、单位和个人经市场监督管理部门或有关部门批准设立后所需办理的税务登记。

企业在外地设立的分支机构和从事生产、经营的场所,个体工商户和从事生产、经营的事业单位(以下统称从事生产、经营的纳税人),向生产、经营所在地税务机关申报办理税务登记:

(1) 从事生产、经营的纳税人领取工商营业执照的,应当自领取工商营业执照之日起30日内申报办理税务登记,税务机关发放税务登记证及副本;

(2) 从事生产、经营的纳税人未办理工商营业执照但经有关部门批准设立的,应当自有关部门批准设立之日起30日内申报办理税务登记,税务机关发放税务登记证及副本;

(3) 从事生产、经营的纳税人未办理工商营业执照也未经有关部门批准设立的,应

[①] 此部分根据《税务登记管理办法(2019修正)》相关内容编写。当前中国已经实行"多证合一、一照一码",新设立登记的企业、农民专业合作社领取由市场监督管理部门核发加载法人和其他组织统一社会信用代码的营业执照后,不再领取税务登记证。

当自纳税义务发生之日起30日内申报办理税务登记,税务机关发放临时税务登记证及副本;

(4) 有独立的生产经营权、在财务上独立核算并定期向发包人或者出租人上交承包费或租金的承包承租人,应当自承包承租合同签订之日起30日内,向其承包承租业务发生地税务机关申报办理税务登记,税务机关发放临时税务登记证及副本;

(5) 境外企业在中国境内承包建筑、安装、装配、勘探工程和提供劳务的,应当自项目合同或协议签订之日起30日内,向项目所在地税务机关申报办理税务登记,税务机关发放临时税务登记证及副本。

除国家机关、个人和无固定生产、经营场所的流动性农村小商贩外,均应当自纳税义务发生之日起30日内,向纳税义务发生地税务机关申报办理税务登记,税务机关发放税务登记证及副本。

税务机关对纳税人税务登记地点发生争议的,由其共同的上级税务机关指定管辖。

纳税人在申报办理税务登记时,应当根据不同情况向税务机关如实提供以下证件和资料:(1) 工商营业执照或其他核准执业证件;(2) 有关合同、章程、协议书;(3) 组织机构统一代码证书;(4) 法定代表人或负责人或业主的居民身份证、护照或者其他合法证件。其他需要提供的有关证件、资料,由省、自治区、直辖市税务机关确定。

纳税人在申报办理税务登记时,应当如实填写税务登记表。税务登记表的主要内容包括:(1) 单位名称、法定代表人或者业主姓名及其居民身份证、护照或者其他合法证件的号码;(2) 住所、经营地点;(3) 登记类型;(4) 核算方式;(5) 生产经营方式;(6) 生产经营范围;(7) 注册资金(资本)、投资总额;(8) 生产经营期限;(9) 财务负责人、联系电话;(10) 国家税务总局确定的其他有关事项。

纳税人提交的证件和资料齐全且税务登记表的填写内容符合规定的,税务机关应当日办理并发放税务登记证件。纳税人提交的证件和资料不齐全或税务登记表的填写内容不符合规定的,税务机关应当场通知其补正或重新填报。

已办理税务登记的扣缴义务人应当自扣缴义务发生之日起30日内,向税务登记地税务机关申报办理扣缴税款登记。税务机关在其税务登记证件上登记扣缴税款事项,税务机关不再发放扣缴税款登记证件。

根据税收法律、行政法规的规定可不办理税务登记的扣缴义务人,应当自扣缴义务发生之日起30日内,向机构所在地税务机关申报办理扣缴税款登记。税务机关发放扣缴税款登记证件。

从事生产、经营的个人应办而未办营业执照,但发生纳税义务的,可以按规定申请办理临时税务登记。

(二) 变更登记

1. 变更登记的适用范围和要求

变更登记,是指纳税人办理设立登记后,因登记内容发生了变化,需要对原登记内容进行更改,而向税务机关申报办理的税务登记。纳税人税务登记内容发生变化的,应当向原税务登记机关申报办理变更登记。

纳税人已在工商行政管理机关办理变更登记的,应当自市场监督管理部门变更登记之日起30日内,向原税务登记机关如实提供下列证件、资料,申报办理变更税务登记:

(1)工商登记变更表;
(2)纳税人变更登记内容的有关证明文件;
(3)税务机关发放的原税务登记证件(登记证正、副本和登记表等);
(4)其他有关资料。

纳税人按照规定不需要在市场监督管理部门办理变更登记,或者其变更登记的内容与工商登记内容无关的,应当自税务登记内容实际发生变化之日起30日内,或者自有关机关批准或者宣布变更之日起30日内,持下列证件到原税务登记机关申报办理变更税务登记:

(1)纳税人变更登记内容的有关证明文件;
(2)税务机关发放的原税务登记证件(登记证正、副本和税务登记表等);
(3)其他有关资料。

2. 变更登记的审核

纳税人提交的有关变更登记的证件、资料齐全的,应如实填写税务登记变更表,符合规定的,税务机关应当日办理;不符合规定的,税务机关应通知其补正。

税务机关应当于受理当日办理变更税务登记。纳税人税务登记表和税务登记证中的内容都发生变更的,税务机关按变更后的内容重新发放税务登记证件;纳税人税务登记表的内容发生变更而税务登记证中的内容未发生变更的,税务机关不重新发放税务登记证件。

(三)停业、复业登记

实行定期定额征收方式的个体工商户需要停业的,应当在停业前向税务机关申报办理停业登记。纳税人的停业期限不得超过一年。

纳税人在申报办理停业登记时,应如实填写停业复业报告书,说明停业理由、停业期限、停业前的纳税情况和发票的领、用、存情况,并结清应纳税款、滞纳金、罚款。税务机关应收存其税务登记证件及副本、发票领购簿、未使用完的发票和其他税务证件。

纳税人在停业期间发生纳税义务的,应当按照税收法律、行政法规的规定申报缴纳税款。

纳税人应当于恢复生产经营之前,向税务机关申报办理复业登记,如实填写《停业复业报告书》,领回并启用税务登记证件、发票领购簿及其停业前领购的发票。

纳税人停业期满不能及时恢复生产经营的,应当在停业期满前到税务机关办理延长停业登记,并如实填写《停业复业报告书》。

（四）注销登记

注销登记，是指纳税人发生纳税义务终止或作为纳税主体资格消亡，或因其住所、经营地点变更而涉及改变税务机关情形时，依法向原税务登记机关申报办理的税务登记。

纳税人发生解散、破产、撤销以及其他情形，依法终止纳税义务的，应当在向市场监督管理部门或者其他机关办理注销登记前，持有关证件和资料向原税务登记机关申报办理注销税务登记；按规定不需要在市场监督管理部门或者其他机关办理注册登记的，应当自有关机关批准或者宣告终止之日起15日内，持有关证件和资料向原税务登记机关申报办理注销税务登记。

纳税人被市场监督管理部门吊销营业执照或者被其他机关予以撤销登记的，应当自营业执照被吊销或者被撤销登记之日起15日内，向原税务登记机关申报办理注销税务登记。

纳税人因住所、经营地点变动，涉及改变税务登记机关的，应当在向工商行政管理机关或者其他机关申请办理变更、注销登记前，或者住所、经营地点变动前，持有关证件和资料，向原税务登记机关申报办理注销税务登记，并自注销税务登记之日起30日内向迁达地税务机关申报办理税务登记。

境外企业在中国境内承包建筑、安装、装配、勘探工程和提供劳务的，应当在项目完工、离开中国前15日内，持有关证件和资料，向原税务登记机关申报办理注销税务登记。

纳税人办理注销税务登记前，应当向税务机关提交相关证明文件和资料，结清应纳税款、多退（免）税款、滞纳金和罚款，缴销发票、税务登记证件和其他税务证件，经税务机关核准后，办理注销税务登记手续。

（五）非正常户管理

已办理税务登记的纳税人未按照规定的期限进行纳税申报，税务机关依法责令其限期改正。纳税人逾期不改正的，税务机关可以按照《税收征管法》第七十二条规定，收缴其发票或者停止向其发售发票。

纳税人负有纳税申报义务，但连续三个月所有税种均未进行纳税申报的，税收征管系统自动将其认定为非正常户，并停止其发票领用簿和发票的使用。

对欠税的非正常户，税务机关依照税收征管法及其实施细则的规定追征税款及滞纳金。

已认定为非正常户的纳税人，就其逾期未申报行为接受处罚、缴纳罚款，并补办纳税申报的，税收征管系统自动解除非正常状态，无须纳税人专门申请解除。

（六）跨区域经营管理

纳税人到外县（市）临时从事生产经营活动的，应当在外出生产经营以前，持税务登记证到主管税务机关开具《跨区域涉税事项报告表》。纳税人跨省(自治区、直辖市和计划单列市)临时从事生产经营活动的,向机构所在地的税务机关填报《跨区域涉税事项报告表》。纳税人跨区域经营合同延期的,可以向经营地或机构所在地的税务机关办理报验管理有效期限延期手续。跨区域报验管理事项的报告、报验、延期、反馈等信息,通过信息系统在机构所在地和经营地的税务机关之间传递,实时共享。纳税人首次在经营地办理涉税事宜时,向经营地的税务机关报验跨区域涉税事项。纳税人跨区域经营活动结束后,应当结清经营地税务机关的应纳税款以及其他涉税事项,向经营地的税务机关填报《经营地涉税事项反馈表》。

经营地的税务机关核对《经营地涉税事项反馈表》后,及时将相关信息反馈给机构所在地的税务机关。纳税人不需要另行向机构所在地的税务机关反馈。

机构所在地的税务机关设置专岗,负责接收经营地的税务机关反馈信息,及时以适当方式告知纳税人,并适时对纳税人已抵减税款、在经营地已预缴税款和应预缴税款进行分析、比对,发现疑点的,推送至风险管理部门或者稽查部门组织应对。[①]

第二节 纳税人识别号制度

纳税人识别号是纳税人的身份标识,是为纳税人编制的唯一且终身不变的确认其身份的数字代码标识。纳税人识别号又可称为统一社会信用代码(营业执照号),税务登记与纳税人识别的联系主要表现在以下几个方面:

(1)纳税人识别是税务登记的基础。税务登记的纳税人识别号是对单位纳税人和自然人纳税人税收征管的基础。尤其是对自然人纳税人征管而言,为了保障税收征收管理机制的有效运转,税务机关首要的是知道谁是纳税人,谁取得了收入,谁在支付或扣缴税款。(2)纳税人识别是开展税务登记的前提。现行税收征管法对自然人纳税人办理税务登记没有具体规定,2018年为适应新修改的《中华人民共和国个人所得税法》新要求,国家税务总局印发《关于自然人纳税人识别号有关事项的公告》(国家税务总局公告2018年第59号),对自然人纳税人识别号进行了明确,以进一步便利自然人纳税人办理涉税业务。

一、单位纳税人识别号制度

2015年,国家税务总局修订纳税人识别号代码标准。规则如下:

一是已取得统一社会信用代码的法人和其他组织,其纳税人识别号使用18位的"统一社会信用代码",编码规则按照相关国家标准执行。

二是未取得统一社会信用代码的个体工商户以及以居民身份证、回乡证、通行证、护照等有效身份证明办理税务登记的纳税人,其纳税人识别号由"身份证件号码"+"2

[①] 《国家税务总局关于明确跨区域涉税事项报验管理相关问题的公告》(国家税务总局公告2018年第38号)。

位顺序码"组成。

三是以统一社会信用代码、居民身份证、回乡证、通行证、护照等为有效身份证明的临时纳税的纳税人，其纳税人识别号由"L"+"统一社会信用代码"或"L"+"身份证件号码"组成，作为系统识别，不打在对外证照上。

四是对已设立但未取得统一社会信用代码的法人和其他组织，以及自然人等其他各类纳税人，其纳税人识别号的编码规则仍按照《国家税务总局关于发布纳税人识别号代码标准的通知》（税总发〔2013〕41号）规定执行。

2017年，"五证合一""两证整合"登记制度改革的相继实施有效提升了政府行政服务效率，降低了市场主体创设的制度性交易成本，激发了市场活力和社会创新力。

一是在全面实施企业、农民专业合作社工商营业执照、组织机构代码证、税务登记证、社会保险登记证、统计登记证"五证合一、一照一码"登记制度改革和个体工商户工商营业执照、税务登记证"两证整合"的基础上，将涉及企业（包括个体工商户、农民专业合作社，下同）登记、备案等有关事项和各类证照（以下统称涉企证照事项）进一步整合到营业执照上，实现"多证合一、一照一码"。这是贯彻中央关于推进供给侧结构性改革决策部署，推进简政放权、放管结合、优化服务的重要内容。

二是认真梳理涉企证照事项，全面实行"多证合一"。坚持"多证合一"和行政审批制度改革相结合，按照市场化改革方向，能够充分发挥市场在资源配置中的决定性作用。实行"多证合一、一照一码"，使企业在办理营业执照后即能达到预定可生产经营状态，大幅度缩短企业从筹备开办到进入市场的时间。

三是完善工作流程，做好改革衔接过渡。在"五证合一"登记制度改革工作机制及技术方案的基础上，继续全面实行"一套材料、一表登记、一窗受理"的工作模式。申请人办理企业注册登记时只需填写"一张表格"，向"一个窗口"提交"一套材料"。登记部门直接核发加载统一社会信用代码的营业执照，相关信息在国家企业信用信息公示系统公示，并及时归集至全国信用信息共享平台。

四是推进"一照一码"营业执照广泛应用，推动改革落地。坚持"多证合一"与推进"一照一码"营业执照应用相结合，打通改革成果落地的"最后一公里"。对于被整合证照所涵盖的原有事项信息，不得再要求企业提供额外的证明文件，使"一照一码"营业执照成为企业唯一"身份证"，使统一社会信用代码成为企业唯一身份代码，实现企业"一照一码"存续发展。

二、自然人纳税人识别号制度

（一）自然人纳税识别的方式

自然人纳税人识别号，是自然人纳税人办理各类涉税事项的唯一代码标识。

有中国居民身份号码的，以其中国居民身份号码作为纳税人识别号；没有中国居民身份号码的，由税务机关赋予其纳税人识别号。

纳税人首次办理涉税事项时，应当向税务机关或者扣缴义务人出示有效身份证件，并报送相关基础信息。

税务机关应当在赋予自然人纳税人识别号后告知或者通过扣缴义务人告知纳税人其纳税人识别号,并为自然人纳税人查询本人纳税人识别号提供便利。

自然人纳税人办理纳税申报、税款缴纳、申请退税、开具完税凭证、纳税查询等涉税事项时应当向税务机关或扣缴义务人提供纳税人识别号。

所称"有效身份证件",是指:

(1) 纳税人为中国公民且持有有效《中华人民共和国居民身份证》(以下简称"居民身份证")的,为居民身份证。

(2) 纳税人为华侨且没有居民身份证的,为有效的《中华人民共和国护照》和华侨身份证明。

(3) 纳税人为我国港澳居民的,为有效的《港澳居民来往内地通行证》或《中华人民共和国港澳居民居住证》。

(4) 纳税人为我国台湾居民的,为有效的《台湾居民来往大陆通行证》或《中华人民共和国台湾居民居住证》。

(5) 纳税人为持有有效《中华人民共和国外国人永久居留身份证》(以下简称永久居留证)的外籍个人的,为永久居留证和外国护照;未持有永久居留证但持有有效《中华人民共和国外国人工作许可证》(以下简称工作许可证)的,为工作许可证和外国护照;其他外籍个人,为有效的外国护照。

(二) 自然人纳税识别的意义

1. 有利于实施全面的税收管理

通过纳税人识别号归集纳税人所有涉税事项,对纳税人不同时间、地点、不同税种的涉税记录对比分析,有利于实现税务部门与金融机构、第三方及其他社会单位间的信息传递与共享。税务部门通过纳税人识别号及时掌握个人的财产和收入状况,为个人纳税的反避税工作打好信息基础。

2. 有利于实现"数字治税"

每位公民都有固定的纳税号,纳税人识别号制度的建立,有助于税务机关以"纳税人识别号"来归集自然人的经济情况,串联各方信息,从而实现"数字管税"。同时也能为未来房产税法的立法、个人所得税的反避税管理奠定基础。

3. 有利于精准识别管理

建立纳税人识别号制度,对自然人的收入情况进行识别和精确管理,有利于保障个人所得税税款的及时征收,促进社会公平。

4. 有利于部门信息共享

在税收征管过程中,信息孤岛、信息不对称成为征管的一大难题。目前,仅靠税务部门所拥有的信息难以对纳税人进行全面把握,所以,在未来进行税收征管时,税务部门需要与其他相关部门合作,实现涉税信息共享。

第三节 代扣代缴与委托代征

代扣代缴与委托代征这两者既有联系又有区别,是税务登记管理中的特殊形式。对此的详细分析如下。

一、代扣代缴

扣缴义务人指的是我国法律、行政法规规定的负有代扣代缴、代扣代收义务的单位及个人,其具有义务的法定性、双重性、有偿性以及与纳税人之间的关联性等特征。

(一)代扣代缴的必要性

扣缴义务人制度作为我国加强税源控制、简化征纳和保障国家税收的重要制度,有其存在的必然性和必要性。

税收扣缴义务人制度一方面能有效防止税款流失,保证税款及时足额入库;但从保护扣缴义务人利益的角度来看,其制度尚存在立法结构不均衡、权利义务失衡、激励机制与惩罚机制失衡、法律地位尚未明确、主体范围尚不明晰、收费规则以及责任机制方面亟须完善等问题。

因此,需要明确中国扣缴义务人的法律地位、主体范围等基本问题,同时其权利义务责任进一步完善,保障中国相关参与方的合法利益,促进税款的有效征收。

(二)代扣代缴的关键要素

扣缴义务人对国家负有扣缴税款义务,对纳税人有扣缴税款权力。就扣缴义务而言,虽然在内容和程度上没有决定和裁量权,但扣缴权可能会直接合法地侵害纳税人的财产权。因为在民事法律领域中,民事行为的双方当事人均无扣缴对方财产的权利,所以扣缴权本质上是一种公权力。值得注意的是,扣缴义务人扣缴的一个重要特性是国家强制性。代扣代缴要注意的关键要素见表2-1。

表2-1 代扣代缴的关键要素

关键要素	内涵
扣缴义务人的非公法主体性	扣缴义务人是典型的私法主体。在税收征管扣缴制度设计中,税务机关与扣缴义务人的关系是管理人与相对人的一种行政法律关系,这是毋庸置疑的。虽然扣缴义务人依法拥有公权力的行使权,但其依然是私法主体,而非公法主体。当然,税收征管法也赋予了扣缴义务人复议权、听证权、起诉权等行政相对人的诸多权力。

续 表

关键要素	内涵
不得以自己名义行使扣缴权	扣缴义务人不得以自己的名义行使扣缴权,应当以法律的名义行使这一权力。如果纳税人不负有纳税义务,扣缴义务人也没有法律的名义行使扣缴权,一个私法主体是不可能对纳税人的财产进行侵夺的。实际上,纳税人知道自己负有法定的纳税义务,知道扣缴义务人有依法行使扣缴的权力,正是如此,扣缴行为得以完成,税收征管秩序得以维护。
法律后果由税务机关承担	扣缴义务人行使的不以自己名义的扣缴权力是一种履行公权力的行为,且扣缴的税款需由国家占有和支配。相应的,税务机关应当承担扣缴税款所引起的法律后果。即,不论扣缴税款是否正确或准确,纳税人申请复议和提起诉讼时,其争诉对象只会是税务机关,不可能是扣缴义务人。

资料来源:根据滕祥志《关于税收代扣代缴制度的几个疑难问题探讨》一文整理形成,《中国法学会财税法学研究会 2007 年年会暨第五届全国财税法学学术研讨会论文集》,2007 年 10 月 1 日,389—403 页。

最后,税务机关与扣缴义务人之间是行政委托关系。在这一关系中,由于税务机关的委托,扣缴义务人对纳税人享有扣缴权力,对税务机关负有受托义务,但这并不能改变二者之间的行政法律关系。

(三) 扣缴义务人的权利与义务

纳税人、扣缴义务人是税法上的纳税主体,在负有纳税义务的同时,应享有相应的权利。新税收征管法应当在总则中对纳税主体享有的权利进行了明确、集中和全面的规定,这有利于调动纳税主体的积极性,改善征纳关系,体现了保护纳税人合法权益的立法宗旨,是我国税收法制进步的象征。

1. 扣缴义务人的权利

根据《税收征管法》第八条的规定,扣缴义务人享有下列权利:

(1) 知情权。即扣缴义务人有权向税务机关了解国家税收法律、行政法规的规定以及与纳税程序有关的情况。为了保证扣缴义务人享有税收法规的知情权,税务机关应通过建立税务公告、开展税法宣传、解答咨询等多种形式,为纳税人了解税收法律、行政法规以及税务部门制定的与纳税程序有关的规定(如办理各项涉税事务的时限、步骤和方法)提供方便,实行公开办税制度。

(2) 保密权。税务机关在税收征管中会了解到企业和公民大量的生产经营、个人隐私等情况,这些情况往往关系到纳税人、扣缴义务人的经济利益,关系到其在市场竞争中的优势。因此,《税收征管法》第八条第二款规定,纳税人、扣缴义务人有权要求税务机关为其情况保密。实施细则第五条明确规定了《税收征管法》第八条所称为纳税人、扣缴义务人保密的情况,是指纳税人、扣缴义务人的商业秘密及个人隐私。"商业秘密",是指不为公众所知悉、能为纳税人、扣缴义务人带来经济利益、具有实用性并经其采取保密措施的技术信息和经营信息;"个人隐私",是指纳税人、扣缴义务人个人不愿公开的隐秘,如两性关系、生育能力、收养子女等。但纳税人、扣缴义务人的税收违法行为不属于保密的范围,有时还应视案件情况予以曝光,因为它们侵犯了国家税收利益。与纳税人、扣缴义务人保密权相对应的是,税务机关负有保守纳税人商业秘密、个人隐私的义务,税务机关应当依法为纳税人、扣缴义务人的情况保密,税务机关不得将其获得的纳税人、扣缴义务人的有关情况用于税收征管以外的目的。《税收征管法》第五十四条明确规定,税务机关在查询纳税人、扣缴义务人的存款账户和个人的储蓄存款时,不得将查询所获得的资料用于税收以外的用途。《税收征管法》第五十九条规定,税务机关派出的人员进行税务检查时,应当出示税务检查证和税务检查通知书,并有责任为被检查人保守秘密。

(3) 陈述权和申辩权。陈述是指当事人表明自己的意见和看法,提出自己的主张和证据;申辩是指当事人进行解释、辩解,反驳对自己不利的意见和证据。《行政处罚法》第六条规定,公民、法人或者其他组织对行政机关所给予的行政处罚,享有陈述权、申辩权;第三十二条规定,行政机关在实施行政处罚时,"当事人有权进行陈述和申辩。行政机关必须充分听取当事人的意见,对当事人提出的事实、理由和证据,应当进行复核;当事人提出的事实、理由或者证据成立的,行政机关应当采纳。行政机关不得因当事人申辩而加重处罚。"根据这一规定,纳税人、扣缴义务人对税务机关所作出的决定,享有陈述权、申辩权。因此,陈述权和申辩权是纳税人、扣缴义务人所享有的重要权利,税务机关在作出决定时,有关当事人有权为自己的行为进行陈述、说明、解释和辩解;听取纳税人、扣缴义务人的陈述和申辩,是税务机关必须履行的法定义务,它有利于税务机关全面了解情况,避免作出行政处罚等决定时出现偏差。

(4) 法律救济权。纳税人、扣缴义务人对税务机关的具体行政行为不服,有权依法申请行政复议或提起行政诉讼;对税务机关实施违法行为给纳税人、扣缴义务人造成损害时,有权要求税务机关承担国家赔偿责任。规定争议救济权对维护纳税人合法权益,保障和监督税务机关依法行政,推进依法治税具有重要意义,也是我国当前加强税收法制建设的一项重要内容。

(5) 控告、检举权。这是我国公民享有的宪法权利。"中华人民共和国公民对于任何国家机关和国家工作人员,有提出批评和建议的权利;对于任何国家机关和国家工作人员的违法失职行为,有向有关国家机关提出申诉、控告或者检举的权利,但是不得捏造或者歪曲事实进行诬告陷害。""对于公民的申诉、控告或者检举,有关国家机关必须查清事实,负责处理。任何人不得压制和打击报复。"纳税人、扣缴义务人有权控告和检举税务机关、税务人员的违法、违纪行为,这为有关当事人监督税务机关是否依法行使职权提供了法律依据,对于防腐和滥权,具有重要意义。

2. 扣缴义务人的义务

扣缴义务人在享有权利的同时,也应当履行如下几方面的义务:

(1) 办理扣缴税款登记的义务。《税务登记管理办法》第十七条规定,根据税收法律、行政法规的规定可不办理税务登记的扣缴义务人,应当自扣缴义务发生之日起30日内,向机构所在地税务机关申报办理扣缴登记。

(2) 按照主管税务机关的规定设置账簿,根据合法、有效凭证记账,进行核算的义务。

（3）保管账簿、记账凭证、完税凭证及其他有关资料的义务。不得伪造、变造或者损毁账簿、记账凭证、完税凭证及其他有关资料。

（4）如实、按期办理纳税申报和报送代扣代缴税款报告表以及税务机关要求的其他有关资料。

（5）有依法履行代扣代缴税款的义务。在依法履行报送代扣代缴税款的义务时，纳税人不得拒绝。

二、委托代征

委托代征是指税务机关根据税收征管法实施细则中有利于税收控管和方便纳税的要求，按照双方自愿、简便征收、强化管理、依法委托的原则和国家有关规定，委托有关单位和人员代征零星、分散和异地缴纳的税收的行为。委托代征管理主要包括委托协议签订、委托协议终止、委托协议公告等。

（一）委托代征的必要性

委托代征是指由税务机关依法委托的单位或个人代理税务机关和税务人员进行税款征收的活动。个体零散税收环节实行委托代征，对纳税人、征税机关以及整个经济社会的良好运行具有十分重要的作用，具体如下：

一方面，实行委托代征有利于减轻纳税人的纳税成本。一般而言，实行委托代征的单位或个人纳税金额不大，税源较为分散，并且有些单位或个人的经营场所相对而言比较偏远。因此，实行委托代征既可以降低单位或个人的营业成本，也可以大大降低其时间成本。

另一方面，实行委托代征对于税务机关也极为重要。具体而言：（1）有利于减少征税成本。委托代征机构一般配备专业的税务人员，在办理开业、复业、变更等日常税收业务时可以很方便地与税务部门对接，减少征税成本，提高工作质量。（2）有利于消除税收征管盲点，减少征管漏洞。一直以来，对于个体户的税收征管具有点多、线长、面广的难点，税务机关很难实现全方位的税收征管，实行委托代征可以很好解决这一难题。（3）有利于缓解税务机关征收压力。实行委托代征，针对个体的税收征管业务（诸如个体税款征收、日常催报催缴、漏征漏管户的清理、巡查等日常事务性工作）可以直接交由委托代征机构进行办理。税务机关仅仅负责指导其税额核定、提供纳税服务及相应的监管工作，这样可以解放出大量专业的税务人员，减轻相应的人才紧缺等问题。

此外，对于整个经济社会而言，实行委托代征有利于营造公平竞争的营商环境，促进企业间的税负公平。通过委托代征，各部门各自为政、分散管理的格局将会转变，最终形成一种齐抓共管、沟通协作的管理格局。

（二）委托代征的范围

不是所有税收都可以委托给其他单位和个人代征。根据税收征管法及其实施细则的规定,可以委托代征的税收主要有两类:一是零星分散的税收,二是异地征收的税款。将异地征收的税款委托代征,既可以解决税务机关管理矛盾,纳税人又不必为税收事项而跨区劳顿。税务机关不得将法律、行政法规已确定的代扣代缴、代收代缴税收,委托他人代征。

（三）委托代征的流程

税务机关应当与代征人签订《委托代征协议书》,明确委托代征相关事宜。《委托代征协议书》包括以下内容:

(1) 税务机关和代征人的名称、联系电话,代征人为行政、事业、企业单位及其他社会组织的,应包括法定代表人或负责人姓名、居民身份证号码和地址;代征人为自然人的,应包括姓名、居民身份证号码和户口所在地、现居住地址;

(2) 委托代征范围和期限;

(3) 委托代征的税种及附加、计税依据及税率;

(4) 票、款结报缴销期限和额度;

(5) 税务机关和代征人双方的权利、义务和责任;

(6) 代征手续费标准;

(7) 违约责任;

(8) 其他有关事项。

其中,代征人为行政、事业、企业单位及其他社会组织的,《委托代征协议书》自双方的法定代表人或法定代理人签字并加盖公章后生效;代征人为自然人的,《委托代征协议书》自代征人及税务机关的法定代表人签字并加盖税务机关公章后生效。

在《委托代征协议书》签订后,税务机关应当向代征人发放《委托代征证书》,并在广播、电视、报纸、期刊、网络等新闻媒体或者代征范围内纳税人相对集中的场所,公告代征人的委托代征资格和《委托代征协议书》中的以下内容:

(1) 税务机关和代征人的名称、联系电话,代征人为行政、事业、企业单位及其他社会组织的,应包括法定代表人或负责人姓名和地址;代征人为自然人的,应包括姓名、户口所在地、现居住地址;

(2) 委托代征的范围和期限;

(3) 委托代征的税种及附加、计税依据及税率;

(4) 税务机关确定的其他需要公告的事项。

《委托代征协议书》有效期最长不得超过3年。有效期满需要继续委托代征的,应当重新签订《委托代征协议书》。

《委托代征协议书》签订后,税务机关应当向代征人提供受托代征税款所需的税收票证、报表。

有下列情形之一的,税务机关可以向代征人发出《终止委托代征协议通知书》,提前终止委托代征协议:

(1) 因国家税收法律、行政法规、规章等规定发生重大变化,需要终止协议的;

(2) 税务机关被撤销主体资格的;

(3) 因代征人发生合并、分立、解散、破产、撤销或者因不可抗力发生等情形,需要终止协议的;

(4) 代征人有弄虚作假、故意不履行义务、严重违反税收法律法规的行为,或者有其他严重违反协议的行为;

(5) 税务机关认为需要终止协议的其他情形。

终止委托代征协议的,代征人应自委托代征协议终止之日起5个工作日内,向税务机关结清代征税款,缴销代征业务所需的税收票证和发票;税务机关应当收回《委托代征证书》,结清代征手续费。代扣、代收扣缴义务人和代征人应于每年3月底前,向税务机关提交上一年度"三代"税款手续费申请相关资料,因"三代"单位或个人自身原因,未及时提交申请的,视为自动放弃上一年度"三代"税款手续费。① 因疫情等特殊情况另外表述。

代征人在委托代征协议期限届满之前提出终止协议的,应当提前20个工作日向税务机关申请,经税务机关确认后办理相关手续。

税务机关应当自委托代征协议终止之日起10个工作日内,在广播、电视、报纸、期刊、网络等新闻媒体或者代征范围内纳税人相对集中的场所,公告代征人委托代征资格终止和《委托代征协议书》主要内容。

三、代扣(收)代缴与委托代征的区别

代扣(收)代缴与委托代征有一些明显的差别,具体如下:

(一) 两者的概念不同

代扣(收)代缴与委托代征两者的概念和内涵有明显的不同。

代扣代缴是指税收法律、行政法规已经明确规定负有扣缴义务的单位和个人在支付款项时,代税务机关从支付给负有纳税义务的单位和个人的收入中扣留并向税务机关解缴的行为。

代收代缴是指税收法律、行政法规已经明确规定负有扣缴义务的单位和个人在收取款项时,代税务机关向负有纳税义务的单位和个人收取并向税务机关缴纳的行为。

委托代征是指税务机关对税源零星分散、难以派出专人管理的地区,委托当地乡政府、村委会、村民组织或其他单位、个人,依法代征税款并定期向税务机关报缴的一种税收征收方法。

(二) 两者的内涵不同

从法律角度看,代扣代缴和代收代缴税收法律关系有着一定的区别:代扣代缴义务

---

① 《财政部、税务总局、人民银行关于进一步加强代扣代收代征税款手续费管理的通知》(财行〔2019〕11号)。

人直接持有纳税人的收入从中直接扣除纳税人的应纳税款。代收代缴义务人在与纳税人的经济往来中收取纳税人的应纳税款并代为缴纳。扣缴义务人是一种特殊的纳税主体,在征税主体与纳税主体之间。一方面,代扣、代收税款时,它代表国家行使征税权;另一方面,在税款上缴国库时,又在履行纳税主体的义务。可以说,在一般实务中,这两类义务人都是天然义务人。

对于委托代征而言,其与前两者相比,有着明显的不同点。根据《税收征管法》第二十九条及其实施细则第四十四条规定,委托代征人包括单位和个人,可以委托代征的税收是零散税收和异地税款。

同时,委托代征人与前两类义务人相比,税务机关必须根据委托代征的范围,考察受托单位和人员是否具备受托代征税款的能力、素质等,确定受托代征单位和人员,并与受托单位和人员签订协议书。并且,委托代征作为法律意义上的行政委托,税务机关视情况发生变化,可单方解除协议,但受托代征方不能单方解除协议。

[延伸阅读]

电子商务税收管理的四个难点　从税务登记入手完善电子商务征管

电子商务市场的迅猛发展给税收管理带来了新的挑战。近日,笔者走访了江苏信息服务产业(扬州)基地。从走访情况看,作为新兴产业,电子商务相关配套税收政策缺失,税收管理存在许多难点。税务机关应从建立电商税务登记制度入手,逐步将网络交易行为纳入税收监管范围。

江苏信息服务产业(扬州)基地成立于2007年4月,是涉及数据服务、城市信息化应用软件、互联网和IT培训咨询等产业的信息专业园区。2014年,该园区内从事电子商务的企业有23家,年电子商务交易量达10亿元,全年实现税收4 000万元。基地内电子商务运行主要有三种模式:一是企业与消费者之间的电子商务。以易迅网、仕德伟网络为代表,电子商务企业直接利用互联网开展经济活动,向消费者销售商品或提供服务,类同于商业电子化的零售商务。二是消费者与消费者之间的电子商务。以金泉网为例,指通过为买卖双方提供一个在线交易平台,使卖方可以主动提供商品上网拍卖,而买方可以自行选择商品竞价。三是媒介的电子商务。以大漠网为例,指电商企业为实体企业提供网络宣传和订单服务,构建实体企业与消费者之间的销售渠道。

目前,在电子商务税收管理方面,主要存在以下难点:

(1)电子商务税收政策缺失。作为新兴产业,电子商务经营范围是无限的,不需要事先经过工商部门的批准,有形贸易的税务登记方法不再适用于电子商务,税务机关难以确定纳税人的经营情况,不能对电子商务的交易信息进行有效的跟踪。对于信息交流产品的交易和远程劳务,要求按常规方式进行税务登记,而后照章纳税是很困难的。当前信息产业基地内电子商务行业税收征管仅仅局限于对电子商务企业本身的应税行为实施税收征管,而对于企业平台内的零散交易,由于交易实体的不确定性和现行税务登记制度的缺失,无法有效实施征管。

（2）税收管辖权难以界定。由于具有交易主体隐匿性、交易标的模糊性、交易地点流动性以及交易完成快捷性等特点，电子商务给原有的所得来源的确认标准带来很大冲击。大量无形的数字化产品通过网络传输，改变了产品的性质，使商品、劳务和特许权难以区分。

（3）电子发票推广有难度。电子发票如何纳入传统的税收体制是一个复杂的问题，比如如何减少电商企业特别是小卖家的抵触情绪、电子发票如何报账等。

（4）稽查工作缺少抓手。随着电子商务中计算机加密技术的发展，纳税人可以用超级密码和用户名双重保护等方法来掩盖有关信息。账簿和凭证以数字信息形式存在，需要专门的软件才能阅读。数据信息可以轻易地被修改、删除和迁移，而且不留下任何痕迹和线索。这些都给税收管理增加了难度，使得税务稽查工作失去了抓手。

加强电子商务行业税收管理的建议

（1）建立电商税务登记制度。税务机关应探索建立电商税务登记制度，以此入手，逐步将网络交易行为纳入税收监管范围，根据其技术特征和交易特点实施针对性管理。在税收信息化建设中，研究开发可在互联网上进行税务登记的软件系统。对于在第三方交易平台上经营、无独立域名的网络商店，可考虑按现行税务登记办法办理登记，同时登记网络商店的名称、域名、IP地址、管理负责人、互联网服务提供商及服务器所在地地址等信息。对于已办理税务登记的实体商店在网上设立网店，应要求其在税务机关补充登记网络商店的名称、域名、IP地址、管理负责人和电子支付机构名称等信息。针对不少网店经营者对税务登记存在疑虑的现象，税务机关应通过各种途径予以解释说明，办理税务登记无须缴纳费用，不增加经营成本；办理税务登记并不等于立即缴税，而是经营规模达到纳税标准后再依法纳税；办理税务登记后，接受税务机关的管理，可领取发票，有利于规范经营，提高网店信誉等。

（2）推广使用电子发票。推广电子发票要解决电子发票报账的问题，不能增加电商企业的运营成本。税收征管不可采用"一刀切"的方式，可根据网店的成交订单数、销售额和利润等经验指标，实施差异化管理，也可根据不同细分行业实施管理。同时，要通过有技术含量的数字证书来确保信息安全，防范假电子发票。

（3）加强税务信息化建设。加强税务机关自身信息网络建设，尽快实现与银行等相关部门网络的链接，从网络支付入手，解决电子商务主体身份、交易数量与金额隐蔽化的问题。对于网络间接支付，可以采取利用第三方交易平台代扣代缴税款的方式征缴税款。对网上直接交易的主体，可以通过银行等转账支付平台代扣代缴税款。

（资料来源：根据仇利群、陈志胜、姜爱军《从税务登记入手完善电子商务征管》一文整理形成，《中国税务报》2015年7月1日）。

练 习 题

一、名词解释

税务登记　　　　代扣代缴　　　　代收代缴　　　　委托代征

二、简答题

1. 简述纳税人办理税务登记流程。
2. 简述办理延期申报、延期缴纳的条件。
3. 简述代扣代缴与委托代征的区别。
4. 简述扣缴义务人的权利及义务。
5. 简述税务登记与纳税人识别的联系及区别。

三、案例分析

2019年一季度某税务局在税务检查的过程中发现,某银行把工资的一部分由员工通过发票报销方式发放,其余部分则以工资单形式支付。这样做的出发点和目的是为了让员工个人少缴个人所得税,而且可以降低社会保险费的缴费基数,还可以通过费用税前列支而少缴纳企业所得税。最终,税务局查实该银行通过费用报销等手段,隐匿员工真实薪酬,少代扣代缴个人所得税的违法事实,对企业做出追缴各项税费、罚款共计150万元的处理决定。

请问:税务局对该企业处罚的依据是什么?

第三章 账簿、凭证与发票管理

第一节 账簿、凭证管理

账簿是由具有一定格式的账页组成的,用来序时地、分类地记录各项经济业务的簿籍。凭证是纳税人用来记录各种经济业务,明确经济责任,并据以登记账簿、具有法律效力的书面证明。账簿、凭证是会计核算的基础和核心,账簿、凭证管理是继税务登记之后税收征管的又一重要环节,在税收征管中日益重要。

一、账簿、凭证的概念

(一)账簿

账簿是由具有一定格式而又相互联系的账页所组成的,用以全面、系统、连续记录各项经济业务的簿籍,是编制报表的依据,也是保存会计资料的重要工具。账簿的登记必须严格遵守记账规则,以审核无误的会计凭证为依据。

账簿按其用途分为日记账、明细账、总账。具体介绍如下:

表3-1 不同账簿的含义

按用途的分类	具体含义
日记账	又称序时账,是指对各项经济业务按其发生或完成的先后顺序进行登记的账簿,如现金日记账、银行存款日记账。
明细账	又称明细分类账,是根据总账科目所属的二级科目或明细科目开设账户,用来分类登记某一类经济业务,提供明细核算资料的分类账簿。
总账	又称总分类账,是根据总账科目开设的账户,用来分类登记全部经济业务。总账按形式可分为订本账、活页账、卡片账。

在具体形式上,日记账、总账采取订本式;明细账可采用活页式、卡片式。此外,除经税务机关批准可以不设置账簿的个体工商户外,所有从事生产、经营的纳税人、扣缴义务人均应按国务院财政、税务主管部门的规定设置账簿。

（二）凭证

凭证，是指会计凭证，是记载经济业务发生，明确经济责任，作为记账依据的书面证明。会计凭证分为原始凭证和记账凭证。

原始凭证是经济业务发生时所取得或填制的，它既是发生会计事项唯一合法的书面凭证，又是整个会计核算工作的起点和基础。合法的原始凭证，包括套印税务机关发票监制章的专用性票据和财政部门管理的行政性收费收据以及经财政、税务部门认可的其他凭证。

记账凭证是由会计人员根据审核无误的原始凭证，将其内容应用会计科目和复式记账方法，加以归类整理，并据以确定会计分录和登记账簿的凭证。记账凭证按其所反映经济业务的内容不同，可分为收款凭证、付款凭证和转账凭证。按其填列的科目不同，记账凭证可分为单式记账凭证和复式记账凭证。

二、账簿、凭证管理

对账簿、凭证的管理，主要是检查纳税人账簿设置是否规范，账簿凭证保管是否符合要求，税控系统是否合法。对账簿、凭证的管理就是全面、系统地对纳税人的经济活动进行管理。

（一）账簿的设置

纳税人、扣缴义务人应当按照有关法律、行政法规和国务院财政、税务主管部门的规定设置账簿，根据合法、有效的凭证记账，进行核算。

从事生产、经营的纳税人应当自领取营业执照或者发生纳税义务之日起15日内，按照国家有关规定设置账簿。

生产、经营规模小又确实无建账能力的纳税人，可以聘请经批准从事会计代理记账业务的专业机构或者经税务机关认可的财会人员代为建账和办理账务；聘请上述机构或者人员有实际困难的，经县以上税务机关批准，可以按照税务机关的规定，建立收支凭证粘贴簿、进货销货登记簿或者使用税控装置。

扣缴义务人应当自税收法律、行政法规规定的扣缴义务发生之日起10日内，按照所代扣、代收的税种，分别设置代扣代缴、代收代缴税款账簿。

纳税人、扣缴义务人会计制度健全，能够通过计算机正确、完整地计算其收入和所得或者代扣代缴、代收代缴税款情况的，其计算机输出的完整的书面会计记录，可视同会计账簿。

纳税人、扣缴义务人会计制度不健全，不能通过计算机正确、完整地计算其收入和所得或者代扣代缴、代收代缴税款情况的，应当建立总账及与纳税或者代扣代缴、代收代缴税款有关的其他账簿。

（二）账簿、凭证的保管

从事生产、经营的纳税人、扣缴义务人必须按照国务院财政、税务主管部门规定的保管期限保管账簿、记账凭证、完税凭证及其他有关资料。除法律、行政法规另有规定外，账簿、会计凭证、报表、完税凭证及其他有关纳税资料应当保存10年。

纳税人、扣缴义务人不得伪造、变造或者擅自销毁账簿、记账凭证、完税凭证及其他有关资料。

（三）税控系统

增值税防伪税控系统是运用数字密码和电子存储技术，强化增值税专用发票防伪功能，实现对增值税一般纳税人税源监控的计算机管理系统。该系统是国家为加强增值税的征收管理，提高纳税人依法纳税的自觉性，及时发现和查处增值税偷、骗税行为而实施的国家金税工程的主要组成部分。防伪税控系统的推广应用由国家税务总局统一领导，省级以下税务机关逐级组织实施。

各级税务机关货物劳务税业务管理部门负责防伪税控系统推行应用的组织及日常管理工作，计算机技术管理部门提供技术支持；主管税务机关根据防伪税控系统推行计划确定纳入防伪税控系统管理的企业。

防伪税控企业认定登记事项发生变化，应到主管税务机关办理变更认定登记手续。

纳税人可自愿选择使用航天信息股份有限公司或国家信息安全工程技术研究中心生产的增值税税控系统专用设备；纳税人可自愿选择具备服务资格的维护服务单位进行服务。服务单位对航天信息或国家信息安全中心生产的专用设备均可以进行维护服务。

服务单位开展的增值税税控系统操作培训应遵循使用单位自愿的原则，严禁收费培训，严禁强行培训，严禁强行搭售通用设备、软件或其他商品。

税务机关应做好专用设备销售价格和技术维护价格的收费标准、增值税税控系统通用设备基本配置标准等相关事项的公示工作，以便接受纳税人监督。

凡经税务机关认定，取得增值税一般纳税人资格的企业必须按照当地税务机关的统一要求，逐步纳入税控系统管理。纳税人应当按照规定安装、使用税控装置，不得损毁或者擅自改动税控装置。

纳税人应当按照税务机关的要求安装、使用税控装置，纳入税控系统管理的企业，必须通过该系统开具专用发票，并按照税务机关的规定报送有关数据和资料。

第二节　发票管理

发票管理是税收管理的重要组成部分，主要是指税务机关依法对发票印制、领用、开具、取得和保管的全过程所进行的组织、协调、监督活动。目前，我国正在由传统的

"纸质发票管理"向"纸质发票＋电子发票"并存的管理格局转变,并且结合云计算和区块链技术的电子发票越来越普及。

一、发票管理的概念与意义

(一)发票管理的概念

发票管理与企、事业单位的财务管理具有密切联系。加强发票管理,对于促使企业正确进行会计核算,加强财务监督,确保国家税收正确、及时、足额地缴入国库,防止税款流失具有重要意义。

税务机关是发票的主管机关,负责发票印制、领用、开具、取得、保管、缴销的管理和监督。单位、个人在购销商品、提供或者接受经营服务以及从事其他经营活动的过程中,应当按照规定开具、取得、使用发票。

国务院税务主管部门统一负责全国的发票管理工作。省、自治区、直辖市税务机关依据职责做好本行政区域内的发票管理工作。

财政、审计、市场监督管理、公安等有关部门在各自的职责范围内,配合税务机关做好发票管理工作。

(二)发票管理的意义

中国目前实行的是"以票管税""凭票报销"的财税管理制度,发票的正确使用关系到企业管理、国家税收以及经济运行等方面。因此,加强发票管理也成为税收管理不可或缺的一环。

1. 有利于企业的日常管理,加强对企业的财务监督

发票是一切单位和个人从事经济活动、进行会计核算的原始凭证,发票的准确与否关系到企业后续的财务工作。因此,加强发票管理,有利于确保企业开具或取得发票的真实性、合法性,从而确保企业会计核算的准确。

2. 有利于经济的正常运行,促进市场的公平竞争

加强发票管理是维护经济政策运行的必然要求。

3. 有利于税款的足额入库,提高税收的征管质量

历来税收工作的实践表明,通过发票管税是税收征管重要方法之一。发票上所填列的金额、数量是许多税种的计税依据。因此,只有准确地填写发票,才可以确保税款计算正确无误。加强发票管理,对堵塞税收漏洞、保障税收收入以及提高税收征管质量有着重要的作用。

(三)发票的种类[①]

发票的种类、联次、内容以及使用范围由国务院税务主管部门规定。发票的种类见

[①] 《国家税务总局关于修改〈中华人民共和国发票管理办法实施细则〉的决定》(国家税务总局令第37号)。

表 3-2。

表 3-2　发票的类型

类　型	用　途
普通发票	主要由增值税小规模纳税人使用,增值税一般纳税人在不能开具增值税专用发票的情况下也可使用普通发票。使用发票的种类按照经济活动类型适用选择。普通发票的基本联次为三联:第一联为存根联,开票方留存备查;第二联为发票联,收支方作为付款或者收款原始凭证;第三联为记账联,开票方作为记账的原始凭证。发票的基本内容包括:发票名称、字轨号码、联次及用途、客户名称、开户银行及账号,商品名称及经营项目,计量单位、数量、单价、大小写金额,开票人、开票日期、开票单位(个人)名称(章)等。
增值税专用发票	它是增值税一般纳税人销售货物或者提供应税劳务开具的发票,是购买方支付增值税额并可按照增值税有关规定据以抵扣增值税进项税额的凭证。一般纳税人应通过增值税防伪税控系统使用专用发票。使用,包括领用、开具、缴销、认证纸质专用发票及其相应的数据电文。专用发票由基本联次或者基本联次附加其他联次构成,基本联次为三联:发票联、抵扣联和记账联。发票联,作为购买方核算采购成本和增值税进项税额的证账凭证;抵扣联,作为购买方报送主管税务机关认证和留存备查的凭证;记账联,作为销售方核算销售收入和增值税销项税额的记账凭证。其他联次用途,由一般纳税人自行确定。
专业发票	它是指国有金融、保险企业的存贷、汇总、转账凭证,保险凭证;国有邮政、电信企业的邮票、邮单、话务、电报收据;国有铁路、民用航空企业和交通部门、国有公路、水上运输企业的客票、货票等。上述单位承包经营、租赁给非国有单位和个人经营或采取国有民营形式所用的专业发票,以及上述单位的其他发票均应套印全国统一发票监制章,由税务机关统一管理。

二、发票管理的内容

（一）发票的印制[①]

各级税务机关科学编制发票印制计划,保证纳税人使用需要,避免库存过多增加管理成本。密切监控发票库存情况,主动做好辖区内发票的入库、调拨、发放等工作。加强与发票印制单位的沟通协调,确保已经下达印制计划的发票保质、保量、按期配送到位。

增值税专用发票由国务院税务主管部门确定的企业印制;其他发票,按照国务院税务主管部门的规定,由省、自治区、直辖市税务机关确定的企业印制。禁止私自印制、伪造、变造发票。

印制发票的企业应当按照税务机关的统一规定,建立发票印制管理制度和保管措施,对于发票监制章和发票防伪专用品的使用和管理实行专人负责制度,且必须按照税务机关批准的式样和数量印制发票。

---

① 《国务院关于修改〈中华人民共和国发票管理办法〉的决定》(中华人民共和国国务院令第587号)。

印制发票的企业应当具备下列条件：(1)取得印刷经营许可证和营业执照；(2)设备、技术水平能够满足印制发票的需要；(3)有健全的财务制度和严格的质量监督、安全管理、保密制度。

税务机关应当以招标方式确定印制发票的企业，并发给发票准印证。发票准印证由国家税务总局统一监制，省税务机关核发。税务机关应当对印制发票企业实施监督管理，对不符合条件的，应当取消其印制发票的资格。监制发票的税务机关根据需要下达发票印制通知书，被指定的印制企业必须按照要求印制。发票印制通知书应当载明印制发票企业名称、用票单位名称、发票名称、发票代码、种类、联次、规格、印色、印制数量、起止号码、交货时间、地点等内容。

全国统一的发票防伪措施由国家税务总局确定，省税务机关可以根据需要增加本地区的发票防伪措施，并向国家税务总局备案。发票防伪专用品应当按照规定专库保管，不得丢失。次品、废品应当在税务机关监督下集中销毁。

发票应当使用中文印制。民族自治地方的发票，可以加印当地一种通用的民族文字。有实际需要的，也可以同时使用中外两种文字印制。

发票应当套印全国统一发票监制章。全国统一发票监制章的式样和发票版面印刷的要求，由国务院税务主管部门规定。发票监制章由省、自治区、直辖市税务机关制作。禁止伪造发票监制章。发票实行不定期换版制度。

各省、自治区、直辖市内的单位和个人使用的发票，除增值税专用发票外，应当在本省、自治区、直辖市内印制。确有必要到外省、自治区、直辖市印制的，应当经由省、自治区、直辖市税务机关商印制地省、自治区、直辖市税务机关同意，由印制地省、自治区、直辖市税务机关确定的企业印制。禁止在境外印制发票。

印制发票企业印制完毕的成品应当按照规定验收后转库保管，不得丢失。废品应当及时销毁。

（二）发票的领用[①]

对于发票的领用，我国积极推进发票领用分类分级管理。对于税收风险程度较低的纳税人，按需供应发票；对于税收风险程度中等的纳税人，正常供应发票，加强事中事后监管；对于税收风险程度较高的纳税人，严格控制其发票领用数量和最高开票限额，并加强事中事后监管。国家税务总局各省、自治区、直辖市和计划单列市税务局积极探索依托信息技术手段，通过科学设置预警监控指标，有效识别纳税人税收风险程度，并且据此开展发票领用分类分级管理工作。

进一步扩大发票网上申领适用范围。已经实现办税人员实名信息采集和验证的纳税人，可以自愿选择使用网上申领方式领用发票。在全面推行发票网上申领的同时，各级税务机关要注重做好发票领用风险防控和发票物流配送衔接，确保发票网上申领简便易用、风险可控、安全可靠。

---

① 《国家税务总局关于进一步做好纳税人增值税发票领用等工作的通知》（税总函〔2019〕64号）。

根据纳税人税收风险程度、纳税信用级别和实际经营情况,合理确定发票领用数量和最高开票限额,及时做好发票发放工作,保障纳税人正常生产经营。纳税人因实际经营情况发生变化提出增加发票领用数量和最高开票限额,经依法依规审核未发现异常的,主管税务机关要及时为纳税人办理"增版""增量"。

纳税人办理税务登记后需领用发票的,向主管税务机关申请办理发票领用手续。主管税务机关根据纳税人的经营范围和规模,确认领用发票的种类、数量、开票限额等事宜。

已办理发票票种核定的纳税人,当前领用发票的种类、数量或者开票限额不能满足经营需要的,可以向主管税务机关提出调整。

临时到本省、自治区、直辖市以外从事经营活动的单位或者个人,凭所在地税务机关的证明,向经营地税务机关领用经营地的发票。

税务机关对外省、自治区、直辖市来本辖区从事临时经营活动的单位和个人领用发票的,可以要求其提供保证人或者根据所领用发票的票面限额以及数量交纳不超过 1 万元的保证金,并限期缴销发票。按期缴销发票后,解除保证人的担保义务或者退还保证金。

提供保证人或者交纳保证金的具体范围由省税务机关规定。

(三)电子发票的管理[①]

1. 电子发票的概念

所谓电子发票,是指单位和个人在购销商品、提供或者接受服务,以及从事其他经营活动中,按照税务机关要求的格式,使用税务机关确定的开票软件开具的电子收付款凭证。

电子发票服务平台是指向单位或个人提供电子发票开具、打印、查询、交付及其他相关服务的信息系统。平台包括第三方运营机构建设的电子发票服务平台、企业自建的电子发票服务平台。电子发票服务平台可为开票方和受票方两方提供服务。服务内容包括电子发票开具、打印、查询和交付等服务。

开票接口服务是指开票设备为电子发票服务平台提供的接口服务,主要提供电子发票领用、退回、开具、查询等功能。

开票设备是指国家税务总局认可的,实现发票开具、发票管理、发票存储等业务功能的税务密码设备。

2. 电子发票的开具

电子发票服务平台通过开票设备及开票接口服务进行纳税人电子发票的领用、退回等操作,并提供相关查询功能。

电子发票服务平台按照税务部门对发票填开的相关要求,通过开票设备及开票接

[①] 《国家税务总局关于发布〈企业自建和第三方电子发票服务平台建设标准规范〉的通知》(税总发〔2019〕84 号)。

口服务进行电子发票开具。发票开具完成后,由开票设备自动将发票信息上传至税务机关信息系统。

电子发票服务平台应支持对电子发票数据封装生成版式文件,电子发票版式文件应该遵循税务总局管理要求,格式支持 PDF 格式、OFD 格式、税务自定义格式等。

3. 电子发票的查询

电子发票服务平台应支持开票方按照发票代码、发票号码、受票方名称、受票方统一社会信用代码、开具日期等维度查询已开具的电子发票。开票方对于查询到的电子发票可以进行批量下载,对查询到的电子发票开具明细信息可以导出数据文件。

4. 电子发票的交付

电子发票服务平台需支持电子发票版式文件交付功能。开票方和受票方可通过电子发票服务平台自行下载电子发票版式文件或者由平台方通过邮件、短信等方式将电子发票版式文件或相关信息交付给受票方。

电子发票服务平台需对发票下载操作进行校验,防止恶意下载发票数据或版式文件。

三、增值税发票的管理

(一)增值税发票的领用[①]

新办纳税人首次申领增值税发票主要包括发票票种核定、增值税专用发票(增值税税控系统)最高开票限额审批、增值税税控系统专用设备初始发行、发票领用等涉税事项。

纳税人可登录电子税务局,通过选择"我要办税",进入"发票领用",申请发票。如需同时办理发票票种核定、最高开票限额审批等相关业务,可在电子税务局中选择对应功能办理,或直接选择"发票套餐"办理。套餐中主要包括发票票种核定、增值税专用发票(增值税税控系统)最高开票限额审批、发票领用、发票验(交)旧、发票缴销等。

1. 发票票种核定

纳税人办理了税务登记后需要领用发票的,应当向主管税务机关申请办理发票领用手续。主管税务机关根据领用单位和个人的经营范围和规模,确认领用发票的种类、数量、开票限额以及领用方式。

有条件的地区可探索设计相关模型,分析纳税人行业、规模、从业人数、经营范围、注册资本等信息,自动核定或调整纳税人发票用量及开票限额。

领用增值税专用发票的增值税一般纳税人和纳入自行开具增值税专用发票范围的增值税小规模纳税人,在完成票种核定后,还需办理增值税专用发票(增值税税控系统)最高开票限额审批事项。

[①] 《国家税务总局关于新办纳税人首次申领增值税发票有关事项的公告》(国家税务总局公告 2018 年第 29 号)。

2. 增值税专用发票（增值税税控系统）最高开票限额

纳税人在初次申请使用增值税专用发票以及变更增值税专用发票限额时，向主管税务机关申请办理增值税专用发票（增值税税控系统）最高开票限额审批。

自 2018 年 8 月 1 日起，首次申领增值税发票的新办纳税人办理发票票种核定，增值税专用发票最高开票限额不超过 10 万元，每月最高领用数量不超过 25 份；增值税普通发票最高开票限额不超过 10 万元，每月最高领用数量不超过 50 份。各省税务机关可以在此范围内结合纳税人税收风险程度，自行确定新办纳税人首次申领增值税发票票种核定标准。

《国家税务总局关于简化增值税发票领用和使用程序有关问题的公告》（国家税务总局公告 2014 年第 19 号）规定，一般纳税人申请增值税专用发票最高开票限额不超过 10 万元的，主管税务机关不需事前进行实地查验。

实行纳税辅导期管理的小型商贸批发企业，领购专用发票的最高开票限额不得超过 10 万元；其他一般纳税人专用发票最高开票限额应根据企业实际经营情况重新核定。

3. 增值税税控系统专用设备初始发行

（1）初始发行

纳税人在初次使用或重新领购增值税税控系统专用设备开具发票之前，需要税务机关对增值税税控系统专用设备进行初始化发行，将开票所需的各种信息载入增值税税控系统专用设备。

税务机关向需使用增值税税控系统的每一位纳税人发放《增值税税控系统安装使用告知书》（以下简称《使用告知书》），告知纳税人有关政策规定和享有的权利。服务单位凭《使用告知书》向纳税人销售专用设备，提供售后服务，严禁向未持有《使用告知书》的纳税人发售专用设备。

纳税人办理初始发行后，可携带相关资料领取增值税发票。

使用增值税发票管理系统的纳税人应每月征收期申报前抄报增值税发票数据。

纳税人取得由服务单位开具的增值税税控系统专用设备销售发票（初次购买）以及相关的技术维护费发票，可以按规定按照发票票面的价税合计全额抵减增值税税款，不足抵减的可结转下期继续抵减。

增值税纳税人使用的税控盘、金税盘、报税盘等税控专用设备丢失、被盗，应及时向主管税务机关报告。

（2）变更发行

纳税人增值税税控系统专用设备载入信息发生变更的，税务机关对金税盘（税控盘）、报税盘及数据库中的信息做相应变更。

使用金税盘（税控盘）的纳税人需要增加（减少）分开票机的，必须对原有的主开票机专用设备进行变更。

变更的内容包括：纳税人名称变更；纳税人除名称外其他税务登记基本信息变更；纳税人发行授权信息变更；因纳税人金税盘、税控盘、报税盘损坏，而对其金税盘、税控盘、报税盘进行变更;因纳税人开票机数量变化而进行发行变更;增值税发票管理新系统离线开票时限和离线开票总金额变更;购票人员姓名、密码发生变更等。

(3) 注销发行

纳税人发生清税等涉及增值税税控系统专用设备需注销发行的,税务机关在增值税税控系统中注销纳税人发行信息档案。需收缴设备的,收缴纳税人金税盘(税控盘)、报税盘。

注销发行前,应事前办理空白发票的退回或缴销,以及采集已开具增值税发票数据。

纳税人有下列情形之一的,需要上缴增值税税控系统专用设备:① 依法清税注销、终止纳税义务;② 减少分开票机;③ 根据国家税务总局的统一部署,需更换新型号防伪税控设备的,其旧型号防伪税控设备需办理注销发行。

纳税人当前使用的增值税税控系统专用设备发生损毁或盗失等情况,若继续使用的,做更换金税设备处理,不再继续使用的,报税务机关备案并办理注销发行。

增值税纳税人使用的税控盘、金税盘、报税盘等税控专用设备丢失、被盗,应及时向主管税务机关报告。

4. 发票领用[①]

对于实行纳税辅导期管理的增值税一般纳税人,一个月内多次领用专用发票的,应从当月第二次领用专用发票起,按照上一次已领用并开具的专用发票销售额的3%预缴增值税。未预缴增值税的,主管税务机关不得向其发放专用发票;领用的专用发票未使用完而再次领用的,主管税务机关发放专用发票的份数不得超过核定的每次领用专用发票份数与未使用完的专用发票份数的差额;领用增值税专用发票实行按次限量控制,可以根据纳税人的经营情况核定每次专用发票的供应数量,但每次发放专用发票数量不得超过25份。

对于纳税信用A级的纳税人,按需供应发票,可以一次领取不超过三个月的发票用量。纳税信用B级的纳税人可以一次领取不超过两个月的发票用量。以上两类纳税人生产经营情况发生变化需要调整发票用量的,应当按照规定及时办理。

纳税信用D级的纳税人,增值税专用发票领用按辅导期一般纳税人政策办理,普通发票领用实行交(验)旧供新、严格限量供应。

纳税人领用电子发票时需使用电子发票服务平台。电子发票服务平台应提供电子发票版式文件的生成、打印查询和交付等服务。自建和第三方建设的电子发票服务平台应报税务机关备案。

(二) 增值税专用发票的开具[②]

销售商品、提供服务以及从事其他经营活动的单位和个人,对外发生经营业务收取款项,收款方应当向付款方开具发票;特殊情况下,由付款方向收款方开具发票。

[①] 《国家税务总局关于进一步做好纳税人增值税发票领用等工作的通知》(税总函〔2019〕64号)。
[②] 《国务院关于修改〈中华人民共和国发票管理办法〉的决定》(中华人民共和国国务院令第587号)。

所有单位和从事生产、经营活动的个人在购买商品、接受服务以及从事其他经营活动支付款项,应当向收款方取得发票。取得发票时,不得要求变更品名和金额。

不符合规定的发票,不得作为财务报销凭证,任何单位和个人有权拒收。

开具发票应当按照规定的时限、顺序、栏目,全部联次一次性如实开具,并加盖发票专用章。

增值税小规模纳税人(其他个人除外)发生增值税应税行为,需要开具增值税专用发票的,可以自愿使用增值税发票管理系统自行开具。选择自行开具增值税专用发票的小规模纳税人,税务机关不再为其代开增值税专用发票。

增值税小规模纳税人应当就开具增值税专用发票的销售额计算增值税应纳税额,并在规定的纳税申报期内向主管税务机关申报缴纳。

按照《国家税务总局关于小规模纳税人免征增值税政策有关征管问题的公告》(国家税务总局公告2019年第4号)规定,小规模纳税人月销售额超过10万元的,使用增值税发票管理系统开具增值税普通发票、机动车销售统一发票、增值税电子普通发票。

需要特别说明的是,货物运输业小规模纳税人可以根据自愿原则选择自行开具增值税专用发票;未选择自行开具增值税专用发票的纳税人,按照《国家税务总局关于发布〈货物运输业小规模纳税人申请代开增值税专用发票管理办法〉的公告》(国家税务总局公告2017年第55号,国家税务总局公告2018年第31号修改并发布)相关规定,向税务机关申请代开。

下列纳税人,主管税务机关可暂不允许其离线开具发票,新办理一般纳税人登记的纳税人(特定纳税人除外)纳入管理系统的前三个月内也应在线开具发票。

① "一址多照"、无固定经营场所的纳税人。

② 信用等级评价为D级或严重税收失信的纳税人。

③ 其法人或财务负责人曾任非正常户或走逃失联企业的法人或财务负责人的纳税人。

④ 其他税收风险等级较高的纳税人。

新办理增值税一般纳税人登记的纳税人,自首次开票之日起三个月内不得离线开具发票,按照有关规定不使用网络办税或不具备风险条件的特定纳税人除外。

增值税电子普通发票的开票方和受票方需要纸质发票的,可以自行打印增值税电子普通发票的版式文件,其法律效力、基本用途、基本使用规定等与税务机关监制的增值税普通发票相同。

开具发票的单位和个人应当按照税务机关的规定存放和保管发票,不得擅自损毁。已经开具的发票存根联和发票领用簿,应当保存五年。保存期满,报经税务机关查验后销毁。

(三)税额抵扣[①]

税额抵扣又称"税额扣除""扣除税额",是指纳税人按照税法规定,在计算缴纳税款

[①]《国家税务总局关于增值税发票综合服务平台等事项的公告》(国家税务总局公告2020年第1号)。

时对于以前环节缴纳的税款准予扣除的一种税收优惠。由于税额抵扣是对已缴纳税款的全部或部分抵扣，是一种特殊的免税、减税，因而又称之为税额减免。

税务总局将增值税发票选择确认平台升级为增值税发票综合服务平台，为纳税人提供发票用途确认、风险提示、信息下载等服务。纳税人取得增值税专用发票、机动车销售统一发票、收费公路通行费增值税电子普通发票后，如需用于申报抵扣增值税进项税额或申请出口退税、代办退税，应当登录增值税发票综合服务平台确认发票用途。增值税发票综合服务平台登录地址由国家税务总局各省（自治区、直辖市和计划单列市）税务局确定并公布。

纳税人应当按照发票用途确认结果申报抵扣增值税进项税额或申请出口退税、代办退税。纳税人已经申报抵扣的发票，如改用于出口退税或代办退税，应当向主管税务机关提出申请，由主管税务机关核实情况并调整用途。纳税人已经确认用途为申请出口退税或代办退税的发票，如改用于申报抵扣，应当向主管税务机关提出申请，经主管税务机关核实该发票尚未申报出口退税，并将发票电子信息回退后，由纳税人调整用途。

纳税人丢失已开具增值税专用发票或机动车销售统一发票的抵扣联，可凭相应发票的发票联复印件，作为增值税进项税额的抵扣凭证或退税凭证；纳税人丢失已开具增值税专用发票或机动车销售统一发票的发票联，可凭相应发票的抵扣联复印件，作为记账凭证。

纳税人同时丢失已开具增值税专用发票或机动车销售统一发票的发票联和抵扣联，可凭加盖销售方发票专用章的相应发票记账联复印件，作为增值税进项税额的抵扣凭证、退税凭证或记账凭证。

[延伸阅读]

区块链与"互联网＋税务"、电子发票

一、区块链发展的现状简述

由于区块链具有去中心化、不可篡改、可追溯、高可信、高可用等特点，并且近年来随着共识机制、隐私保护、部分存储、跨链、数据分析技术等方面的不断拓展，在业界担忧的吞吐量、事务处理、并发处理、查询统计、访问控制、可扩展性等方面不断改进，对于提升互联网基础和应用具有重大作用，因此在各国蓬勃发展。根据"弯道超车"的信息化战略，我国在区块链领域超前布局，积极探索基于区块链的行业应用。根据工业和信息化部信息中心的统计结果（工业和信息化部信息中心，2018），截至2018年3月底，我国以区块链业务为主营业务的区块链公司数量已经达到456家，产业初步形成规模。

二、区块链与"互联网＋税务"的匹配性

区块链不仅是信息技术的新发展，而且是"互联网＋"不断深入发展的重要维度，与云计算、人工智能等有机构成了"互联网＋"的进一步应用立体技术基石，其内含的透明可信理念更是驱动其风靡的重要原因，是解决互联网发展以来若干沉疴的潜在"良药"。

1. 基本理念层面的匹配

第一,"互联网+"提倡多方合作参与税收管理现代化建设的理念与区块链的组成方式异曲同工。区块链建设过程中需要不同的参与方共同形成区块链,虽然由于架构和技术路线不同,不同节点的功能各有不同,但这并不意味着否定某一方在区块链形成当中不可或缺的参与主体地位。基于区块链信息对称主体的技术保障,不仅鼓励了各方参与的积极性,而且从技术基础上保证了各方参与的权利。第二,"互联网+"追求税收管理现代化的公开透明目标是区块链技术得天独厚的优势。第三,"互联网+"的开放互动在区块链中也有保障和体现。以智能合约为例,通过将税收法律代码化,即所谓"lawiscode",为涉税业务处理提供了新的技术手段,为税收争议和税收法律确定性提供了新的解决契机。

2. 管理方法的支撑

近年来,我国税务部门不断探索,通过将一些单项的管理措施进行集成,形成了以税收大数据为依托,以"实名办税制+分类分级+信用积分+风险管理"为核心的闭环管理机制,联动集成的税收征管现代化之路正逐步得以实现。第一,基于区块链的全要素大数据采集。第二,区块链对风险管理的支撑主要来自信息流动方式和采集的广泛性。第三,区块链对事后管理的支持。基于区块链文件记录的不可篡改性,纳税人涉税行为在交易过程中被记录后,税务部门可以在事后进行检查,而不用担心信息不及时检查带来的信息失真问题。第四,区块链对纳税信用的支持。

"区块链+电子发票"的实践与特征

2018年3月,国家税务总局深圳市税务局着手研发"区块链+电子发票"的试点实施方案,并依托深圳肥沃的互联网土壤,引入腾讯公司的技术力量,快速推进并发布了全国首个"区块链+电子发票"的技术方案。该方案在2018年5月份上报国家税务总局得到批复后,深圳作为"区块链+电子发票"唯一的试点城市,开始了"区块链+电子发票"的推广试点工作。

按照国家税务总局对试点推广工作的要求,从未纳入增值税税控开票系统的部分纳税主体入手,一期邀请了停车场、餐饮行业等部分企业参与试点,在不增加纳税人负担的前提下,打通从消费环节到报销环节的发票流转全链条。在推进过程中,深圳市税务局选择了迭代开发、逐步完善的技术路线,边试点,边总结,边完善,确保试点风险可控。

与国内其他公司提出的区块链发票方案相比,深圳市税务局研发的"区块链+电子发票"试点实施方案与其有共同之处,其共性都是将区块链技术优势与电子发票相结合,参与区块链的企业和税务机关共同维护一个高安全性的、不可篡改的、符合一致性要求的数据库,破除了单点系统的壁垒,实现了多点系统相互之间的一致性合作,以及节点作恶的防范。深圳市税务局研发的"区块链+电子发票"试点实施方案与其他方案又有着明显区别,这一区别被业内专家概括为"区块链(上)(开)发票与(开)发票(上)区块链"。

具体而言,可以概括如下:(1)交易即开票,"资金流、发票流"二流合一。(2)全信息上链,全流程实时监管。(3)全流程打通,形成业务线上全闭环。更值得一提的是,深圳市税务局研发的"区块链+电子发票"试点实施方案带来的税收管理流程和方法创新,为实现真正的"信息管税"提供了契机。

(资料来源:根据《利用区块链促进税收管理现代化的研究》课题组《基于区块链的"互联网+税务"创新探索——以深圳市税务局的实践为例》一文整理形成,《税务研究》2019年第1期)

练 习 题

一、名词解释
账簿　　　　凭证　　　　发票　　　　增值税专用发票

二、简答题
1. 简述加强发票管理的意义。
2. 简述发票的印制、领用、开具和保管的要求。
3. 简述增值税专用发票的开具要求。

三、案例分析
天津"3·06"虚开增值税普通发票案。2019年2月,天津市公安部门根据税务部门移送的线索,成立联合专案组,打掉两个犯罪团伙。经查,该犯罪团伙通过成立10余户空壳劳务派遣服务公司,非法购买、冒用大量自然人身份信息,虚构劳务派遣业务和人力资源外包服务,大肆虚开"劳务费""服务费"增值税普通发票,涉案金额达40亿元。2019年4月,专案组开展收网行动,抓捕犯罪嫌疑人8人。

试分析犯罪嫌疑人会受到哪些处罚?

第四章 纳税申报

第一节 纳税申报

纳税申报可以理解为"申报＋纳税";申报,即自主申报,是指纳税人按照税法规定,定期就计算缴纳税款的有关事项向税务机关提交书面报告的一种法定手续。纳税,顾名思义,是指缴纳税款。申报纳税是纳税人履行纳税义务、界定法律责任的主要依据。

一、纳税申报的概念与意义

(一)纳税申报的概念

纳税申报是纳税人在发生纳税义务后,按照税法规定的期限和内容向主管税务机关提交有关纳税报告的法律行为,是界定纳税人法律责任的主要依据,是税务机关税收管理信息的主要来源。

纳税申报制度的实质是明确纳税申报作为纳税人必需的一项法定义务。纳税人、扣缴义务人必须依照税法规定办理纳税申报或税款扣缴报告,并承担相应的法律责任。

(二)纳税申报的意义

纳税申报意义具有以下几个方面的经济意义,概述如下:

1. 帮助税务机关实时掌握和分析税源情况

税务机关能够获得的一手税源资料就是纳税人所递送的纳税申报资料。税务机关可以根据纳税申报资料如涉税凭证了解纳税人所涉及的经济活动、涉税事项,还可以进一步地审核计算纳税人的应纳税额,掌握分析税源的变化情况。

2. 提高纳税人税法遵从度

事实上,我国全社会的自主申报纳税意识还没有建立。目前,对征税双方的权利与义务也没有深入人心。只有通过法律确立纳税事务,进而实行纳税申报制度才能让纳税人明确知道自己所负有的纳税申报义务以及应该承担的法律责任,从而促使其生成依法纳税的意识,自觉地缴纳税款,提高纳税遵从度。

3. 便于税务机关征收税款

纳税申报是指纳税人按期向税务机关报送纳税申报表以及财务会计报表等相关纳税资料。而税务机关需要做的就是通过审核纳税人所报送的相关纳税资料,检查纳税事项是否与涉税事项一致,计算其应纳税款是否与实纳税款一致。总的来说,就是审核纳税人是否据实申报纳税。因此,纳税申报有助于税务机关开展税款征收工作。

二、纳税申报的内容与期限

(一)纳税申报的内容

办理纳税申报时,申报人需要通过填写并报送相关表格向税务机关报告相关内容。税收征管法对纳税人、扣缴义务人的纳税申报内容做了如下规定:纳税人办理纳税申报需要填写或报送的表格包括纳税申报表、财务会计表以及税务机关根据实际需要要求纳税人报送的其他纳税资料;扣缴义务人办理纳税申报时,应当向税务机关报送代扣代缴、代收代缴税款报告以及税务机关根据实际需要要求扣缴义务人报送的其他有关资料。

纳税人、扣缴义务人的纳税申报或者代扣代缴、代收代缴税款报告的主要内容包括:税种、税目,应纳税项目或者应代扣代缴、代收代缴税款项目,计税依据,扣除项目及标准,适用税率或者单位税额,应退税项目及税额、应减免税项目及税额,应纳税额或者应代扣代缴、代收代缴税额,税款所属期限,延期缴纳税款、欠税、滞纳金等。

纳税人办理纳税申报时,应当如实填写纳税申报表,并根据不同的情况报送有关证件、资料。相应的文件、资料包括:

(1)财务会计报表及其说明材料;
(2)与纳税有关的合同、协议书及凭证;
(3)税控装置的电子报税资料;
(4)跨区域经营证明和异地完税凭证;
(5)境内或者境外公证机构出具的有关证明文件;
(6)税务机关规定应当报送的其他有关证件、资料。

(二)纳税申报的期限

纳税申报期限由税收法律、行政法规规定。从理论上讲,如果纳税人发生了应税行为,取得了应税收入,就应立即申报纳税;但由于各税种的征收对象、纳税环节和计税办法不同,并且各类纳税人的经营活动及财务会计核算情况又有很大的差异,因而不可能以行为发生日为纳税日期,也难以按照同一标准确定所有税种的销税期限。为此,税收征管法规定纳税人必须按期申报,其中的按期申报有以下两种情况。

表 4-1 不同按期申报的规定

来源规定	具体要求
法律、行政法规明确规定的期限	对于法律、行政法规明确规定纳税申报期限的,纳税人、扣缴义务人应当在法律、行政法规规定的期限内办理纳税申报、代扣(收)代缴税款报告。
税务机关按照法律、行政法规的规定确定的期限	税务机关按照法律、行政法规的原则规定,结合纳税人生产经营情况及其所应缴纳的税种等相关因素确定的纳税期限,与法律、行政法规明确规定的期限具有同等的法律效力。纳税人应当按照税务机关确定的期限办理纳税申报。

不同税种的纳税申报期限不同,在税收实体法律中,明确具体地规定了纳税申报期限。例如,《增值税暂行条例》规定:增值税的纳税期限分别为 1 日、3 日、5 日、10 日、15 日、1 个月或者 1 个季度。纳税人的具体纳税期限,由主管税务机关根据纳税人应纳税额的大小分别核定;不能按照固定期限纳税的,可以按次纳税。纳税人以 1 个月或者 1 个季度为一个纳税期的,自期满之日起 15 日内申报纳税;以 1 日、3 日、5 日、10 日或者 15 日为一个纳税期的,自期满之日起 5 日内预缴税款,于次月 1 日起 15 日内申报纳税并结清上月应纳税款。扣缴义务人解缴税款的期限,依照前述规定执行。

(三)延期申报

延期申报,是指纳税人、扣缴义务人基于法定原因,不能在法律、行政法规规定或者税务机关依照法律、行政法规的规定确定的申报期内办理纳税申报或者向税务机关报送代扣代缴、代收代缴报告表的,经税务机关核准,允许延长一定的时间,在核准的期限内办理申报的一项税收管理制度。

办理延期纳税申报,必须符合以下条件:

(1)纳税人必须是办理过税务登记的纳税人,且有以下情形之一:① 在法定纳税申报期限内或者代扣代缴、代收代缴税款期限内,财务未处理完毕,不能计算应纳税额或者代扣、代收税额,无法按期办理纳税申报或者报送代扣代缴、代收代缴税款报告表的。② 在法定的纳税申报期限内或者报送代扣代缴、代收代缴税款报告期限内,纳税人、扣缴义务人因不可抗力影响,不能按期办理纳税申报或者报送代扣代缴、代收代缴税款报告表的。

(2)纳税人、扣缴义务人申请延期纳税申报或者延期报送代扣代缴、代收代缴税款报告表的,必须在法定纳税申报期限内提出。对逾期提出的延期申请,税务机关不予受理。纳税人、扣缴义务人逾期不提出延期申请的,视为放弃延期申请的权利,对逾期未申报并造成拖欠税款的,税务机关要依法进行处罚。

(3)纳税人、扣缴义务人关于延期纳税申报的申请,必须经县以上税务局(分局)批准,不得擅自延期申报。获准延期申报的纳税人,应当在纳税期内按照上期实际缴纳税额或税务机关核定的税款预缴税款,并在核准的延期内办理税款结算。

三、纳税申报的方式

纳税申报的方式是指纳税人和扣缴义务人在发生纳税义务和代扣代缴、代收代缴义务后,在其申报期限内,依照税收法律、行政法规的规定到指定税务机关进行纳税申报的形式。《税收征管法》第二十六条规定,纳税人、扣缴义务人直接到税务机关办理纳税申报或者报送代扣代缴税款报告,也可以按照规定采取邮寄、数据电文或者其他方式处理上述申报、报送事项。

（一）直接申报

直接申报是纳税人和扣缴义务人在法定申报期内,自行到税务机关办理纳税申报或者报送代扣代缴、代收代缴税款报告表。它是纳税申报最主要的方式,也是目前中国普遍采用的一种方式。纳税人除了到税务机构的办税服务厅外,还可以到指定地点进行直接申报,由税务机关当场征收税款并开具相应税票。

（二）邮寄申报

邮寄申报是纳税人、扣缴义务人通过邮政部门寄送纳税申报表、代扣代缴报告、代收代缴报告及其他有关纳税资料的申报方式。这种方式对于那些路途较远或有其他困难的纳税人、扣缴义务人很方便,有利于纳税人及时、主动地办理纳税申报。它是完善中国纳税申报制度的一项新措施,符合国际上通行的做法。

（三）数据电文申报

数据电文申报是指纳税人通过税务机关确定的电话语音、电子数据交换和网络传输等电子方式办理的纳税申报。

数据电文申报是最方便、最快捷的税收申报方式,在电子数据技术和计算机网络被广泛应用的情况下,这种申报方式可以大大提高办理申报的效率。目前,数据电文申报主要有以下几种。

表4-2　数据电文申报的形式

形式	具体内容
网上申报	网上申报是纳税人利用互联网技术,通过网络和税务机关进行信息传递,从而完成纳税申报的一种方式。
银行网点申报	银行网点申报是指税务机关委托银行代征税款,以相互联网的方式传递信息,使纳税申报得以完成的一种申报方式。
电话申报	电话申报是指纳税人在法定纳税申报期内以拨号方式拨打税务机关的特殊服务电话,通过电话网络办理纳税申报,税务机关据此征收并利用税银联网实时扣缴税款的一种纳税申报方式。

（四）简易申报与简并征期

根据《税收征管法实施细则》第三十六条规定,实行定期定额缴纳税款的纳税人,可以实行简易申报、简并征期等纳税申报方式。简易申报是指实行定期定额缴纳税款的纳税人在法律、行政法规规定的期限或者在税务机关依照法律、行政法规的规定确定的期限内缴纳税款的,税务机关可以视同申报。简并征期是指实行定期定额缴纳税款的纳税人,经税务机关批准,可以采取将纳税期限合并为按季、半年、年的方式缴纳税款,具体期限由省级税务机关根据具体情况确定。

除了上述分类以外,按纳税申报表、代扣(收)代缴税款报告表的填报人划分,可分为自行申报和代理申报两种方式。

表4-3 不同申报方式的含义

方式	含义
自行申报	它是指由纳税人、扣缴义务人自行填写纳税申报表、代扣(收)代缴税款报告表,自行办理申报手续的一种申报方式。
代理申报	它是指纳税人、扣缴义务人委托具有代理执业资格的税务代理人代为填写纳税申报表、代扣(收)代缴税款报告表,代为办理申报手续的一种申报方式。

最后,无论是自行申报,还是代理申报,都可以采取上述不同的资料报送方式。

四、纳税申报的受理与审核

关于纳税申报的受理与审核,概述如下。

(一)申报的受理

税务机关应及时受理纳税人、扣缴义务人报送的纳税申报表及有关资料,并记录时间,以此作为判断纳税人是否按时进行纳税申报、是否承担相应法律责任的法律依据。

纳税人提交资料齐全、符合法定形式、相关税种纳税申报表内容填写符合规定的,受理纳税人申报并录入申报信息。

纳税人提交资料不齐全的,制作《税务事项通知书》(补正内容通知),一次性告知纳税人需补齐补正资料的内容。

纳税人提交资料不符合条件,或纳税人不属于本税务机关管辖范围的,制作《税务事项通知书》(不予受理通知),告知纳税人不予受理的理由。

(二)申报的审核

对纳税人、扣缴义务人报送的申报表,税务机关应审核其逻辑性和合法性。具体审核申报时间是否及时,内容是否真实可靠,计算是否准确无误,填写是否完整有效等。

第二节 税款缴纳与税款征收

税款缴纳是指纳税人、扣缴义务人依照国家法律、行政法规的规定实现的税款依法通过不同方式缴纳入库的过程。纳税人、扣缴义务人应按税法规定的期限及时足额缴纳应纳税款,以完全彻底地履行应尽的纳税义务。税款征收是纳税人税款缴纳的实现过程,也是税收征管制度落实的重要环节。具体的征收方式包括查账征收、查定征收、查验征收、定期定额征收、扣缴征收、委托代征。

所谓税款征收,是指税务机关依照法律、法规,将纳税人应纳税款组织入库的执法过程。从纳税人角度看,税款征收的过程同时也是纳税人税款缴纳的过程。税款征收是从两个方面来考察税款入库的。税务机关应当将各种税收的税款、滞纳金、罚款,按照国家规定的预算科目和预算级次及时缴入国库,税务机关不得占压、挪用、截留,不得缴入国库以外或者国家规定的税款账户以外的任何账户。税务机关依照法律、行政法规的规定征收税款,不得违反法律行政法规的规定开征、停征、多征、少征、提前征收、延缓征收或者摊派税款。

一、基本依据

(1) 税务机关依照法律、行政法规的规定征收税款,不得违反法律、行政法规的规定开征、停征、多征或者少征税款。

(2) 扣缴义务人依照法律、行政法规的规定履行代扣、代收税款的义务。对法律、行政法规没有规定负有代扣、代收税款义务的单位和个人,税务机关不得要求其履行代扣、代收税款义务。

(3) 纳税人、扣缴义务人按照法律、行政法规规定或者税务机关依照法律、行政法规的规定确定的期限,缴纳或者解缴税款。

(4) 纳税人未按规定期限缴纳税款的,扣缴义务人未按规定期限解缴税款的,税务机关除责令限期缴纳外,从滞纳税款之日起,按日加收滞纳税款万分之五的滞纳金。

(5) 税务机关征收税款和扣缴义务人代扣、代收税款时,必须给纳税人开具完税凭证。

(6) 纳税人、扣缴义务人、纳税担保人在纳税问题上同税务机关发生争议的时候,必须先按照税务机关根据税法确定的税款缴纳税款及滞纳金,然后可以向上一级主管税务机关申请复议。

二、缴纳时间

(一) 基本规定

缴纳时间是税法规定纳税人向国家缴纳税款的时间限期。缴纳时间是根据纳税人的生产经营规模和各个税种的不同特点确定的,包括纳税计算期和税款缴库期。

纳税计算期一般可分为按次计算和按期计算。

按次计算,是以纳税人从事生产经营活动的次数为纳税计算期。一般适用于行为目的税和财产税以及对临时经营者课税。

按期计算,是以纳税人发生纳税义务的一定时间期限作为纳税计算期,一般适用于流转税和所得税。

税款缴库期是指纳税计算期满后,纳税人缴纳税款的法定期限、纳税人未按规定限期缴纳税款的,税务机关除责令限期缴纳外,从滞纳税款之日起,按日加收滞纳税款0.5‰的滞纳金。

(二)延期缴纳

纳税人、扣缴义务人按照税法规定或者税务机关依法确定的期限,缴纳或者解缴税款。其有特殊困难,不能按期缴纳税款的,经省级税务局批准,可以延期缴纳税款,但是最长不得超过三个月。①

纳税人有下列情形之一的,属于所称特殊困难:(1) 因不可抗力,导致纳税人发生较大损失,正常生产经营活动受到较大影响的;(2) 当期货币资金在扣除应付职工工资、社会保险费后,不足以缴纳税款的。计划单列市税务局可以参照税收征管法第三十一条第二款的批准权限,审批纳税人延期缴纳税款。②

纳税人需要延期缴纳税款的,应当在缴纳税款期限届满前提出申请,并报送下列材料:申请延期缴纳税款报告,当期货币资金余额情况及所有银行存款账户的对账单,资产负债表,应付职工工资和社会保险费等税务机关要求提供的支出预算。

此处,纳税人"当期货币资金在扣除应付职工工资、社会保险费后,不足以缴纳税款的",经批准可延期缴纳税款。"当期货币资金"是指纳税人申请延期缴纳税款之日的资金余额,其中不含国家法律和行政法规明确规定企业不可动用的资金;"应付职工工资"是指当期计提数。③

税务机关应当自收到申请延期缴纳税款报告之日起 20 日内做出批准或者不予批准的决定;不予批准的,从缴纳税款期限届满之日起加收滞纳金。④

三、税款征收的方式

税款征收方式是指税务机关对纳税人应纳的税款从计算核定到征收入库所采取的具体征税形式或方法。它存在于税款的计算、核定、缴纳这一运动过程之中,是这一过程的程序和手续的总称。税务机关应根据纳税人的生产经营及财务管理情况,本着便于征收管理的原则,对不同的纳税人分别确定税款征收方式。每个纳税人的税额确认与税务征收方式有直接联系。税务部门一般采用如下征收方式进行税款征收:

(一)查账征收

查账征收是指税务机关根据纳税人的会计账册资料,依照税法规定计算征收税款的一种方式。它适用于经营规模较大、财务会计制度健全、能够如实核算和提供生产经营状况以及正确计算应纳税款并认真履行纳税义务的纳税人。

---

① 《中华人民共和国税收征收管理法》第三十一条。
② 《中华人民共和国税收征收管理法实施细则》第四十一条。
③ 《国家税务总局关于延期缴纳税款有关问题的通知》(国税函〔2004〕1406 号)。
④ 《中华人民共和国税收征收管理法实施细则》第四十二条。

（二）核定征收

核定征收是指由税务机关根据纳税人情况，在正常生产经营条件下，对其生产的应税产品查实核定产量和销售额，然后依照税法规定的税率征收税款的征收方式。

纳税人有未设立账簿、擅自销毁账簿或者拒不提供纳税资料等情况的，税务机关有权采用下列任何一种方法核定其应纳税额：

（1）参照当地同类行业或者类似行业中经营规模和收入水平相近的纳税人的税负水平核定；

（2）按照营业收入或者成本加合理的费用和利润的方法核定；

（3）按照耗用的原材料、燃料、动力等推算或者测算核定；

（4）按照其他合理方法核定。

（5）采用前款所列一种方法不足以正确核定应纳税额时，可以同时采用两种以上的方法核定。

纳税人对税务机关采取上述规定的方法核定的应纳税额有异议的，应当提供相关证据，经税务机关认定后，调整应纳税额。

具体核定征收的前提条件是纳税人具有以下情形之一：

（1）依照法律、行政法规的规定可以不设置账簿的；

（2）依照法律、行政法规的规定应当设置账簿但未设置的；

（3）擅自销毁账簿或者拒不提供纳税资料的；

（4）虽设置账簿，但账目混乱或者成本资料、收入凭证、费用凭证残缺不全，难以查账的；

（5）发生纳税义务，未按照规定的期限办理纳税申报，经税务机关责令限期申报，逾期仍不申报的；

（6）纳税人申报的计税依据明显偏低，又无正当理由的。

此外，对于未按照规定办理税务登记的从事生产、经营的纳税人以及临时从事经营的纳税人，由税务机关核定其应纳税额，责令缴纳；不缴纳的，税务机关可以扣押其价值相当于应纳税款的商品、货物。扣押后缴纳应纳税款的，税务机关必须立即解除扣押，并归还所扣押的商品、货物；扣押后仍不缴纳应纳税款的，经县以上税务局（分局）局长批准，依法拍卖或者变卖所扣押的商品、货物，以拍卖或者变卖所得抵缴税款。具体抵缴税款的方式采用核定征收。

（三）查验征收

查验征收是纳税人在其商品上市销售前，向税务机关报验，经税务机关查验后方可销售，税务机关根据查验和纳税人的销售情况，计算应纳税额的一种征收方式。这种方式适用于对零星分散、流动性大的税源，如城乡集贸市场的临时经营和机场、码头等场外经营商品的税款征收。

（四）定期定额征收

定期定额征收是指税务机关依照法律、法规的规定，依照一定的程序，核定纳税人在一定经营时期内的应纳税经营额及收益额，并以此为计税依据，确定其应纳税额的一种税款征收方式。税务机关核定定额应依照以下程序办理：纳税人自动申报、典型调查、定额核定、下达定额。这种税款的征收方式适用于生产经营规模小，又确实无建账能力，经主管税务机关审核批准，可以不设置账簿或者暂缓建账的小型纳税人。定额的核定工作由税务机关负责。

（五）扣缴征收

代收代缴是指按照税法规定，负有收缴税款的法定义务人，负责对纳税人的税款进行代收代缴的方式。即由与纳税人有经济业务往来的单位和个人在向纳税人收取款项时依照简洁的规定收取税款。这种方式一般适用于税收网络覆盖不到或很难控制的领域，如受托加工应征消费税的消费品，由受托方代收代缴消费税。

代扣代缴是指按照税法规定，负有扣缴义务的法定义务人，负责对纳税人应纳税款进行代扣代缴的方式。即由支付人在向纳税人支付款项时，从所支付的款项中依照税法的规定直接扣收税款。其目的是对零星分散不易控制的税源实行源泉控制。

（六）委托代征

委托代征又称"代征代缴"。指税务机关对税源零星分散、难以派出专人管理的地区，委托当地乡、村政府、村民组织或其他单位、个人，依法代征税款并定期向税务机关报缴的一种税款征收方法。第二章第三节已经进行了介绍，不再赘述。

四、新冠疫情防控期间的征管措施

2020年1月，我国发生"新冠疫情"。为此，为落实好支持疫情防控税收政策，国家税务总局发布《关于支持新型冠状病毒感染的肺炎疫情防控有关税收征收管理事项的公告》（国家税务总局公告2020年第4号），调整征管措施拓展"非接触式"服务。同时，政府还提供了相应优惠政策。对于这一特殊时期的申报纳税优惠与征管服务，重点介绍以下几项：

（一）简化发票管理

1. 发票的领用

根据（税总发〔2020〕14号）的规定，强调切实保障发票供应。各税务局对生产和销售医疗救治设备、检测仪器、防护用品、消杀制剂、药品等疫情防控重点保障物资以及对此类物资提供运输服务的纳税人，申请增值税发票"增版""增量"的，可暂按需调整其发票领用数量和最高开票限额，不需事前实地查验。除发生税收违法行为等情形外，不得因疫情期间纳税人生产经营情况发生变化而降低其增值税发票领用数量和最高开票限额。

2. 发票的开具

《中华人民共和国增值税暂行条例》第二十一条规定,纳税人发生应税销售行为适用免税规定的,不得开具增值税专用发票。据此,纳税人发生符合 2020 年 8 号公告和 9 号公告规定的免征增值税行为的,不得开具增值税专用发票,但是可以视情况开具不同类型的普通发票。需要说明的是,纳税人开具增值税普通发票、机动车销售统一发票等注明税率或征收率栏次的普通发票时,应当在税率或征收率栏次填写"免税"字样。

纳税人发生符合 2020 年 8 号公告和 9 号公告规定的免征增值税行为,在疫情防控期间已经开具增值税专用发票的,应当及时开具对应红字发票或作废原发票,再按规定适用免征增值税政策。同时,考虑到在疫情防控期间,部分纳税人在开具红字增值税专用发票时,可能会遇到与接受发票方沟通不便而未能及时开具的特殊情况,《公告》中明确纳税人可以先适用免征增值税政策,随后再按规定开具对应红字发票,开具期限为相关免征增值税政策执行到期后 1 个月内。

3. 已开发票的业务处理

根据 2020 年第 4 号文第四条的规定,在本公告发布前,纳税人已将适用免税政策的销售额、销售数量,按照征税销售额、销售数量进行增值税纳税申报的,可以选择更正当期申报或者在下期申报时调整。

4. 发票的使用

根据税总函〔2020〕19 号的第二条规定,税务机关将提前采取相应措施,确保申报纳税期限延长后,纳税人的税控设备能够正常使用,增值税发票能够正常领用和开具。为此,纳税人可以根据自身实际情况,在延长后的申报纳税期限之前,登录增值税发票税控开票软件并完成增值税发票数据报送,即可正常领用和开具增值税发票。

(二)延长申报期限

为便利纳税人、扣缴义务人(以下简称纳税人)办理纳税申报事宜,国家税务总局决定延长 2020 年 3 月份纳税申报期限,对按月申报的纳税人,2020 年 2 月份申报期延长至 2 月 28 日。3 月份在全国范围内将纳税申报期限由 3 月 16 日延长至 3 月 23 日;对 3 月 23 日仍处于疫情防控一级响应的地区,可再适当延长纳税申报期限,由省税务局依法按规定明确适用范围和截止日期。

纳税人受疫情影响,在 2020 年 3 月份纳税申报期限内办理申报仍有困难的,可以依法向税务机关申请办理延期申报。

对疫情防控期间,因受疫情影响,纳税人在法定期限内办理申报有困难的,可依法申请进一步延期。

对因疫情影响导致按期缴纳税款有困难的,符合延期缴纳税款条件的,依法准予延期缴纳税款,最长期限不超过 3 个月。

对因疫情影响未能按期申报或缴纳税款的,也未提出延期申报或延期缴纳税款申请的,纳税人可向主管税务机关说明情况,由主管税务机关确认后,予以免除行政处罚和免于加收滞纳金。

(三)为拟注销纳税人提供代办税控设备注销及收缴服务

防疫期间,对使用增值税发票新系统且税务登记状态为正常或清算、未做发票停供处理、不属于增值税发票新系统风险纳税人、未处于税务检查状态的拟注销纳税人,若其已自行完成发票清理且出具相关承诺的,主管税务机关将提供代办税控设备注销及收缴服务。

[延伸阅读]

2020年3月10日,某省FS市中级人民法院发布了Y某某逃税罪一案二审裁定书。

2012年1月至2013年12月,南方某公司的法定代表人及实际经营者为Y某某。上述期间,Y某某向客户销售家具,实行账外经营,并通过其他人的私人账户收取货款。经FS市某区税务局核实,南方某公司2012年逃缴增值税额为56 820.89元,占当年实际应纳增值税额28.22%;2013年逃缴增值税额为954 157.34元,占当年实际应纳增值税额86.91%。

2017年1月23日,FS市某区税务局稽查局根据《中华人民共和国税收征收管理法》的相关规定,对南方某公司上述逃税行为处以罚款505 489.12元。之后,税务工作人员将《税务处理决定书》《税务行政处罚决定书》《强制执行催告书》等相关文书送达给南方某公司,要求其缴纳应纳税款、滞纳金、罚款,南方某公司未向税务部门缴纳。

2019年7月22日,民警在FS市抓获被告人Y某某。

原审判决认定上述事实的证据有被告人Y某某的供述和辩解,相关证人的证言、辨认、指认笔录,抓获经过,户籍证明,企业工商登记资料,在逃人员登记表,税务局出具的涉嫌犯罪案件移送书、报案材料、调查报告、偷税比例计算表、税务处理决定书、税务行政处罚决定书、强制执行催告书、送达回证、陈述申辩笔录、询问调查笔录、自述材料、未申报明细列表、税务稽查结果明细表、补缴应纳税款、缴纳滞纳金已受行政处罚情况明细表、调取账簿资料清单、出货单及统计表、银行账户信息及交易明细、增值税纳税申报表、增值税专用发票、已申报销售发票统计表、应交税金明细账、银行存款日记账、对账单等税务检查材料等。

原审判决认为,被告人Y某某无视国家法律,作为南方某公司直接负责的主管人员,采取欺骗、隐瞒手段进行虚假纳税申报,逃避缴纳税款,数额较大,且占应纳税额百分之十以上,其行为已构成逃税罪。被告人Y某某归案后如实供述其主要罪行,依法从轻处罚。综合考虑被告人的犯罪事实、情节、认罪态度和对社会的危害程度,依照《中华人民共和国刑法》第二百零一条第一款、第五十二条、第五十三条、第六十七条第三款的规定,以逃税罪判处被告人Y某某有期徒刑一年九个月,并处罚金人民币五万元。

宣判后,原审被告人Y某某及其辩护人提出如下上诉、辩护意见:(1)税务机关核定的逃税数额不合理,应不予采纳。应根据"存疑有利于被告人原则",在扣除生产成本等费用的基础上核定南方某公司的应纳税额。(2)本案系单位犯罪,不应对Y某某判处罚金。

经审理查明,原审判决认定上诉人Y某某犯逃税罪的事实清楚,证据确实、充分,法院予以确认。

对于上诉人Y某某及其辩护人提出的税务机关核定的逃税数额不合理,应不予采纳的上诉、辩护意见。经查,本案逃税数额系由税务机关FS市某区税务局根据相关证据,依法核算得出,且Y某某不能提供应该扣除费用的证据及具体线索,原审法院依法对税务机关核定的逃税数额予以采信并无不当。上诉人Y某某及其辩护人的该上诉、辩护意见理由不成立,法院不予采纳。

对于上诉人Y某某及其辩护人提出的本案系单位犯罪,不应对Y某某判处罚金的上诉、辩护意见,经查,《中华人民共和国刑法》第二百一十一条规定,单位犯本节第二百零一条、第二百零三条、第二百零四条、第二百零七条、第二百零八条、第二百零九条规定之罪的,对单位判处罚金,并对其直接负责的主管人员和其他直接责任人员,依照各该条的规定处罚。该处罚应全面包括主刑和附加刑。原判根据"罪刑法定原则",严格遵循《中华人民共和国刑法》第二百零一条第一款的规定,判处Y某某有期徒刑一年九个月,并处罚金人民币五万元,并无不当。上诉人Y某某及其辩护人的该意见理据不足,不予采纳。

法院认为,上诉人Y某某无视国家法律,作为南方某公司直接负责的主管人员,采取欺骗、隐瞒手段进行虚假纳税申报,逃避缴纳南方某公司增值税,数额较大,且占应纳税额百分之十以上,经税务机关依法下达追缴通知后,仍不补缴应纳税款,不缴纳滞纳金,不接受行政处罚,其行为已构成逃税罪。上诉人Y某某归案后如实供述其主要罪行,依法从轻处罚。原审判决认定事实清楚,定罪准确,量刑适当,审判程序合法。依照《中华人民共和国刑事诉讼法》第二百三十六条第一款第(一)项的规定,裁定如下:驳回上诉,维持原判。

(根据中国裁判文书网"〔2020〕粤06刑终100号"整理形成)

练 习 题

一、名词解释

纳税申报　　　税款征收　　　查账征收　　　核定征收
查验征收　　　定期定额征收　扣缴征收　　　委托代征

二、简答题

1. 简述纳税申报的意义。
2. 简述纳税申报的方式。
3. 简述纳税申报的法律责任。
4. 简述税款征收的方式。

三、案例分析——对企业虚列人员报酬导致少扣缴个税的行为如何定性？

2019年4月，某县税务局风险管理局的风险推送提示，B服装加工企业职工黄某取得两处以上工资收入，除在本服装企业一处取得正常的工资以外，在A商标事务所也取得报酬。税务人员分析认为，服装企业的员工在A商标事务所取得收入不太符合常理，逐到事务所进行询问核实。经约谈了解，A商标事务所承认，由于近年来企业商标等知识产权保护意识增强，事务所经营业绩较好，所内员工个人收入较高，为达到少缴个人所得税目的，虚列了黄某领取劳务报酬的事实，缘由终于搞清楚，该税务局决定对该事务所虚列人员导致少扣个人所得税予以处罚，但在适用具体条款上产生争议。

请问：对企业虚列人员报酬导致少扣缴个人所得税的行为如何定性？

第五章 税额确认

第一节 风险管理与税额确认

税额确认是纳税申报的后续程序。如果对税额的确认不准确,首先就要面临涉税风险问题。因此,做好对税额的确认和风险管理,做好纳税评估十分必要。

一、税收风险管理

(一)税收风险管理概述

税收风险管理是指将风险管理理论运用在税收管理领域中。税收风险管理通常称为"税收遵从风险管理",是以纳税人对税法不遵从带来的税收流失的可能性与不确定性为管理对象的科学管理过程和管理方法,力求高效地应用有限的征管资源、减少税收流失风险,不断提高税法遵从度和满意度。

现代管理学认为"风险是对组织目标实现产生消极影响的不确定性",也就是说由于未来的不确定性和不可完全预测性,组织在实现目标时,遭遇不利结果的可能性。现代税收管理确立的税务机关的根本目标是促进纳税遵从,因此,"税收风险主要是指对纳税遵从产生不利影响的各种可能性和不确定性"。税收风险按照其带来负面影响的主体和目标不同,分为三种类型:收入风险、执法风险、纳税风险。[1]

税收风险管理是推进税收治理现代化的现实需求。以税收征管信息化平台为依托、以风险管理为导向、以分类分级管理为基础,推进征管资源合理有效配置,实现外部纳税遵从风险分级可控、内部主观努力程度量化可考的现代税收征管方式,是税收征管体制改革的方向。

税收风险管理是促进纳税遵从的重要途径。通过加强税收风险管理,对纳税人实施差别化精准管理,对暂未发现风险的纳税人不打扰,对低风险纳税人予以提醒辅导,对中高风险纳税人重点监管。为愿意遵从的纳税人提供便利化的办税条件,对不遵从的纳税人予以惩罚震慑,将从根本上解决纳税人不愿遵从或无遵从标准的问题,提高纳

---

[1] 本节部分内容根据刘慧平《完善我国税收风险管理与纳税信用管理》一文整理形成,《湖南税务高等专科学校学报》2019年第6期:35—41页。

税遵从水平。

税收风险管理是提高税务机关主观能动性的重要抓手。税务机关在做好基础管理的同时,通过对信息收集、风险识别、等级排序、任务推送、风险应对等环节实施过程监控和效果评价,可有效增强自身的主观努力程度,查找征管中的薄弱环节,防范税务系统内部风险,提高征管质效。[1]

(二)税收风险管理的内容

税收风险管理流程是在风险管理流程基础上进行加工的。完整的税收风险管理基本流程包括:战略规划、信息采集、风险识别、等级排序、风险应对、质效评价。以上环节,各环节之间环环相扣,有机互动,与税收征管程序相结合形成管理闭环。[2]

1. 战略规划

税收风险管理的工作起点是战略规划,战略规划是对税收风险工作做出的具有系统性和全局性的统筹工作。税务机关实施战略规划需要对税收工作外部环境、内部条件充分了解,不仅要考虑税务风险管理的目标、防范重点、方针策略,还要考虑控制手段。一般而言,实现战略规划的目标也就是制定战略规划从而确定税收风险管理的方向。在制定战略规划的过程中要遵循设定风险管理目标的基本原则,明确进行税收风险管理的步骤和内容。另外,还要明确税收风险工作中各层级各部门之间的责任运行机制;确定税收风险工作在一定时期之内的"两重点",一是税收风险工作重点,二是税收风险工作中的重点风险事项。

2. 信息采集

信息采集是税收风险工作的奠基石。进行信息采集需要按照统一的标准和技术进行对纳税人征管信息的报送、采集、与第三方进行数据交换。另外,对从外部获取的数据进行进一步的加工处理形成税收数据视图,为之后税收风险管理的后续工作提供数据支持。

3. 风险识别

风险识别是指税务机关通过一些风险识别的方法,从而了解当前税务情况以及税务环境,它可以决定税收风险时效。税务机关通常针对不同类型的风险进行税务风险分析,有的放矢地制定符合该风险的模型和方案。

4. 风险排序和推送

风险识别与等级排序的有机组合形成应对税务风险的处理方法。将风险识别得出的结果进行一个风险发生概率的排序,推送风险应对部门,以针对不同等级的风险进行不同方式的处理。

5. 风险应对

此环节可以验证税收风险指标是否有效。税务机关针对不同风险等级、不同纳税

---

[1] 参考税总发〔2016〕54号《国家税务总局关于进一步加强税收风险管理工作的通知》整理形成。
[2] 部分内容根据柴燕《税收遵从与税收风险管理流程》一文整理形成,《现代经济信息》2018年第4期:266页。

人的规模采取不同的税务风险处理办法。此环节不仅可以消除纳税人的税务风险,提高其纳税遵从度还可以降低税收收入流失的概率,征收税款的成本。

6. 质效评价

此环节包括风险管理过程监督以及风险管理评价反馈,也是税收风险管理的终点。通过质效评价可以回顾和检验税收风险管理全过程。例如,风险信息的获取是否流畅充分,风险的识别是否准确科学,税收风险的排序是否与风险的发生概率与损失的大小相对应,税务机关对风险的应对的质量效果如何。

(三)当前税收风险管理工作的重点

1. 改革大企业税收风险管理方式

实施税务总局和省税务机关两级统筹分析,组织分类分级差别化应对,实现风险防控"精确制导"。税务总局组建千户集团税收风险分析专业团队,联合省税务机关大企业税收管理部门,跨区域统筹开展千户集团税收风险分析工作。税务总局风险办扎口统一推送千户集团税收风险应对任务。省税务局风险办按照风险等级将应对任务推送给相应税务机关,并确定风险应对主体,实施差别化风险应对。省税务机关参照税务总局对千户集团的风险分析方法,统筹开展本省大企业的税收风险分析工作。

2. 高收入者个人所得税风险管理

省税务机关要借助第三方涉税信息,围绕重点人群、重点项目、重点行业、重点政策,研究建立高收入者个人税收风险管理工作机制,积极开展高收入者个人所得税风险分析及应对工作。

3. 增值税发票及出口退税风险管理

积极运用增值税发票管理新系统数据,针对高风险特征企业,前移风险识别关口,在发票开具、纳税申报、出口退税等环节应用风险识别指标及模型,以人机结合方式开展事中风险分析,缩短风险反应时间。

4. 税收征管主观努力程度评价

提升税收征管主观能动性,加强风险管理成效、组织收入力度、第三方涉税信息获取及应用等重点事项的主观努力程度评价工作。科学测算提高征收率的增收目标,强化对风险管理过程的监控和评价工作。

5. 户籍、登记及申报风险管理

强化户籍管理,防范脱管户,对"一址多照""多家企业法定代表人为同一人""法人代表和财务负责人及办税人员为同一人"等风险户予以重点关注,及时掌握户籍信息变动情况。适时调整"双定户"税额标准。监控纳税人不申报、迟申报和错误申报等情况,分析原因,采取措施,提高纳税申报及时性和准确性。

6. 欠税风险管理

加强申报后的税款入库跟踪管理,防范申报税款未及时足额入库的风险。定期开展纳税人欠税偿还能力分析,查明欠税原因,有针对性地分类采取清缴欠税措施,严格执行税收保全措施及强制执行措施。加强与人民法院和破产管理人的沟通协调,力争欠税清理工作取得实质性成效。

7. 重点行业税收风险管理

着重防范金融保险、投资管理、物流、电力、大型连锁商业零售、房地产和建筑安装等行业税收风险。

二、大企业的税收风险管理

为规范大企业的税收服务和管理工作,国家税务总局制定了《国家税务总局大企业税收服务和管理规程(试行)》(国税发〔2011〕71号),强调应以纳税人的需求为导向,提供针对性的纳税服务,以风险为导向,实施科学高效、统一规范的专业化管理。针对大企业的规定,目的是通过有效的遵从引导、遵从管控和遵从应对,防范和控制税务风险。[①]

(一) 遵从引导

遵从引导是指通过个性化的纳税服务和专业化的税收管理,提高企业自身依法处理涉税事务的能力。

在提供政策服务方面,在出台重大税收政策和管理制度之前,征求企业意见,并对意见进行认真分析研究。在税收政策和管理制度公布实施以后,应及时通过多种方式做好宣传和辅导,做到公开透明,保证税法适用的确定性和统一性,引导企业的税收遵从。各级税务机关应定期收集企业的意见,为完善税收政策和管理制度提供参考。

在涉税诉求的受理和回复方面,税务机关及时受理辖区内成员企业提出的涉税诉求。各级税务机关大企业税收管理部门根据本级的职责权限处理企业涉税诉求,遇有非本级职权范围事项的,应按规定向有权税务机关移送。各级税务机关大企业税收管理部门在处理需要征求其他部门意见的涉税诉求时,应先提出具体处理建议,再征求其他相关部门意见。

引导企业建立完善税务风险内控体系,税务机关按照《大企业税务风险管理指引(试行)》对企业税务风险内控体系状况进行调查、评价,并根据企业实际情况采取相应措施,引导企业建立完善税务风险内控体系。

(二) 遵从管控

在税源监控方面,各级税务机关可运用掌握的企业涉税信息,选取企业涉税事项进行比对、分析,及时全面了解企业集团及其成员企业的税源变动情况,为风险识别、评估和应对提供基础性信息。税源监控包括日常涉税事项监控和专项涉税事项监控。日常涉税事项监控是指从企业办理税务登记至申报纳税等日常征管环节涉税事项中选取相关事项进行监控,主要包括登记事项监控、发票事项监控、认定审批事项监控、申报事项监控、其他事项监控等。专项涉税事项监控是指从日常涉税事项以外的事项中选取特

[①] 根据《国家税务总局大企业税收服务和管理规程(试行)》整理形成,国税发〔2011〕71号。

定事项进行监控,主要包括企业涉税诉求处理情况的监控、税务风险内控情况的监控、税收遵从协议履行情况的监控等。

在风险识别和风险评估方面,各级税务机关大企业税收管理部门对采集的企业风险管理信息进行整理,查找企业在税务登记、纳税申报、税款缴纳以及履行其他涉税义务过程中存在的涉税风险。各级税务机关大企业税收管理部门和主管税务机关应定期按行业、集团、区域特点及特定涉税事项等标准选取风险识别对象,选择对应的风险特征库,通过税务风险管理信息系统进行计算机风险识别,并对识别出的结果进行人工比对校验,鉴别筛选出重要风险点。

(三) 遵从应对

各级税务机关应对收集的企业税收风险信息以及遵从引导、遵从管控等环节反映的企业涉税风险情况在判别、评估基础上,对企业纳税遵从风险实施针对性管理。

在实施针对性管理方面,各级税务机关大企业税收管理部门应根据风险评估报告,按照风险等级,对企业实施针对性管理措施,主要包括纳税服务、约谈企业、案头审计、布置企业自查、反避税调查等。

对遵从意愿和遵从能力都较高的低风险企业,可以通过提供优质纳税服务等措施,努力为企业提供办税便利。

对有遵从意愿但遵从能力较低的中等风险企业,可以通过引导和帮助的方式,采取约谈企业、案头审计、布置企业自查等措施,告知企业可能存在的涉税风险和相应的法律责任,帮助企业分析产生风险的原因及防范措施,督促企业整改。

对遵从意愿较低、遵从风险大的高风险企业,可以采取反避税调查等方式控制税务风险。

在反馈和改进风险管理方面,各级税务机关大企业税收管理部门和主管税务机关应按照职责分工,定期对风险管理的效果和效率进行评价,将风险管理中发现的问题反馈至企业,不断提高企业自我遵从水平;反馈给税收法规和政策部门,促进完善税收政策;反馈给一线征管部门,持续改进日常税务管理。

(四) 遵从保障

各级税务机关大企业税收管理部门及主管税务机关应按照统一标准,开展对企业涉税信息的采集和整理、处理及应用工作,构建大企业税收管理信息系统,实现信息共享。

税务机关大企业税收管理部门可以通过从征管系统集中抽取、基层税务机关报送、向企业采集、协作互助等方式采集企业涉税信息,包括企业基础信息、税务风险内控信息、税法遵从信息、行业特征信息、第三方信息等企业涉税信息。

在制度保障方面,各级税务机关大企业税收管理部门可探索建立企业客户协调员制度。

(五)大企业税务风险管理指引

为引导大企业合理控制税务风险,防范税务违法行为,依法履行纳税义务,避免因没有遵循税法可能遭受的法律制裁、财务损失或声誉损害,国家税务总局出台了《大企业税务风险管理指引(试行)》。企业参照本指引,结合自身经营情况、税务风险特征和已有的内部风险控制体系,建立相应的税务风险管理制度。

企业应结合自身经营情况、税务风险特征和已有的内部风险控制体系,建立相应的税务风险管理制度。税务风险管理制度主要包括:税务风险管理组织机构、岗位和职责;税务风险识别和评估的机制和方法;税务风险控制和应对的机制和措施;税务信息管理体系和沟通机制;税务风险管理的监督和改进机制。参照指引对企业建立与实施税务风险管理的有效性进行评价,并据以确定相应的税收管理措施。

企业应全面、系统、持续地收集内部和外部相关信息,结合实际情况,通过风险识别、风险分析、风险评价等步骤,查找企业经营活动及其业务流程中的税务风险,分析和描述风险发生的可能性和条件,评价风险对企业实现税务管理目标的影响程度,从而确定风险管理的优先顺序和策略。

企业应根据税务风险评估的结果,考虑风险管理的成本和效益,在整体管理控制体系内,制定税务风险应对策略,建立有效的内部控制机制,合理设计税务管理的流程及控制方法,全面控制税务风险。其次,企业还应根据风险产生的原因和条件从组织机构、职权分配、业务流程、信息沟通和检查监督等多方面建立税务风险控制点,根据风险的不同特征采取相应的人工控制机制或自动化控制机制,根据风险发生的规律和重大程度建立预防性控制和发现性控制机制。最后,企业应针对重大税务风险所涉及的管理职责和业务流程,制定覆盖各个环节的全流程控制措施;对其他风险所涉及的业务流程,合理设置关键控制环节,采取相应的控制措施。

此外,企业应建立税务风险管理的信息与沟通制度,明确税务相关信息的收集、处理和传递程序,确保企业税务部门内部、企业税务部门与其他部门、企业税务部门与董事会、监事会等企业治理层以及管理层的沟通和反馈,发现问题应及时报告并采取应对措施。

三、税额确认

所谓税额确认,是指税务机关以纳税人提供的账簿凭证、报表、文件等资料记载的信息为基础,结合所掌握的相关信息对纳税申报进行核实、确定。

税额确认的特征主要表现在三个方面:

(1)税额确认建立在纳税人依法自我评定的基础之上。如果没有纳税人自我评定,纳税人的权利与义务、税务机关权力与责任将变得模糊,税额确认将失去法理基础。

(2)税额确认是风险管理流程和税收管理流程相融合的核心程序,纳税评估、税务审计、反避税调查都是在风险管理导向下的税额确认手段。

(3)税额确认具有确定效力,属于具体行政行为,不属于纳税服务,纳税人可申请行政复议,也可提起行政诉讼。

现代税收征管要求建立以纳税人自主申报纳税为前提,由申报纳税、税额确认、税款追征、违法调查、争议处理等主要环节构成,与税收风险管理流程相融合的现代税收征管基本程序。

纳税人依法自行计算、申报应纳税额,享受法定权益,承担法律责任。税务机关在优化纳税服务的同时,对纳税人税法遵从状况进行风险分析,开展税额确认。对无风险纳税人避免不当打扰,对低风险纳税人进行风险提示提醒,对中风险纳税人实施纳税评估(或税务审计、反避税调查),对涉嫌偷税(逃避缴纳税款)、逃避追缴欠税、骗税、抗税、虚开发票等税收违法行为的高风险纳税人实施税务稽查。对少缴税款的,开展税款追征。纳税人对税务机关行政行为有异议的,可以按规定进行纳税服务投诉、申请行政复议、提起行政诉讼。

第二节 纳税评估

纳税评估是对已申报税收的正确性进行的评估,是税务机关主导的加强征收管理、降低涉税风险的重要技术性、专业性分析。

一、纳税评估的概念及作用

(一)纳税评估的概念

纳税评估是指相关的税务机关采用数据信息对比与分析的方法,对纳税人和扣缴义务人纳税申报情况的真实性和准确性做出定性和定量的判断,并采取相关的征管措施的管理行为。纳税评估工作遵循强化管理、优化服务,分类实施、因地制宜,人机结合、简便易行的原则。

纳税评估的主体分别是税务机关以及纳税人,纳税人所做的事情就是提供相应的纳税申报材料。而税务机关则要对纳税人所提供的申报材料进行必要的分析,确保其申报材料的真实性及准确性,为下一步征管环节做出必要的前期准备工作,保证税收能够及时且准确入库。

(二)纳税评估的作用

纳税评估能够有效促进征纳双方处于一个平等的地位,并形成一套合理的科学的纳税服务体系,以保证纳税人相应的权利。

纳税评估促进了税收征管方式的变革。新的税收征管方式形成后,纳税人同征税机关的接触次数与以往相比有了较大幅度的减少。作为征管方式的组成部分,纳税评估在其中发挥着重要的作用,它既联系着纳税人以及征税机关,又联系着税务申报及税务稽查的税务征收过程,可以及时发现纳税人的申报错误以及税务机关在征管方面存在的诸多问题,这样促进了税务征管方式的进一步发展。

纳税评估可以促进税务职能的转变。征税单位应当建设成为"服务型"机构,为纳税人提供优质的服务。而纳税评估正好体现了这一优势,征税机关利用纳税评估可以更好地为纳税人提供相应的服务,普及相关的税法知识,完善纳税人纳税申报信息的填列,保证税款足额入库的同时,也帮助纳税人更好地完善企业制度及管理水平,可以有效改善中国的纳税环境。①

二、纳税评估的内容

（一）确定对象

税务机关纳税评估机构应当根据计提的税收工作目标,充分利用在日常税收管理活动中获取的纳税人的各种信息,通过计算机和人工分析手段,对纳税人纳税申报资料进行审核评析,并有针对性地选择确定需要实施纳税评估的对象。确定纳税评估对象,即启动了纳税评估程序。

（二）评估分析

确定了纳税评估对象后,纳税评估人员要收集评估对象有关税收信息,然后根据纳税人的具体情况采用合适的分析方法和程序对纳税人的税法义务履行状况做出判断。评估人员在办公场所对纳税人的有关资料进行分析判断。纳税评估工作人员必须根据所收集和掌握的纳税人有关涉税信息资料和数据,包括纳税申报资料、财务会计资料等,对其税收法律义务履行情况进行判断和确认。

（三）询问核实

评估人员在对涉税数据信息进行案头分析后发现纳税人的税法履行情况存在疑点,但税务机关根据目前已掌握的资料无法合理解释这些疑点,那么税务机关将会进入下一个程序,即对纳税人进行税务约谈。税务机关只有在评估分析阶段发现需要提请纳税人进行陈述说明、补充提供举证资料等问题时,才可以约谈纳税人。税务约谈是税务机关按照规定的程序和要求,通知纳税人在规定时间内到纳税评估人员工作场所,由评估人员与纳税人就有关问题面对面进行询问、核实、解释和说明。通过税务约谈,纳税评估人员可以进一步了解纳税人的真实情况,并就相关涉税疑点做出进一步判断。

在约谈举证阶段不能消除疑点,纳税评估人员就要进行实地核查。所谓实地核查即是到纳税人的生产经营场所,通过对纳税人生产与经营情况的观察及账证的检查,以确认评估疑点的成立与否。

---

① 本节部分内容根据赵方《我国纳税评估存在的问题及解决措施》一文整理形成,《河北企业》2019 年第 9 期:66—67 页。

(四) 评定处理

根据评估、询问核定以及实地调查核实的情况，纳税评估人员应当对纳税人做出一个相对性的认定处理结论：无问题的资料归档处理，有问题的视具体情况按规定处理。对于一般性的违章行为，责令限期整改，或者交由征管部门核定税款、补缴税款、征收滞纳金。对于证据确凿、有偷逃骗税等行为的，按规定移送稽查部门查处。

(五) 提出建议

通过纳税评估发现纳税人在税收法律义务履行方面存在的问题并予以纠正，是纳税评估的重要目的之一。纳税评估最根本的目的是为整个税收管理服务的。通过对一部分纳税人在税收义务履行方面进行评估，发现税收征管中的不足，进而有针对性地采取措施，改进征管工作，是纳税评估最终目的。因此，纳税评估人员应当及时进行总结分析，有针对性地提出日常监控管理目标和监控管理措施建议。

三、纳税评估的方法

纳税评估涉及的主要方法包括以下六种：

(一) 案头审核

案头审核是指税务人员针对纳税人的风险点，选择运用相应的分析方法，分析推测纳税人的具体涉税疑点，对需要核实的疑点明确有关核实内容和方式等的过程。

(二) 指标测算

通过各项指标与相关数据的测算，设置相应的预警值，将纳税人的申报数据与预警值进行比较。

(三) 数据对比

将纳税人申报数据与财务会计报表数据进行比较、与同行业相关数据或类似行业同期相关数据进行横向比较；将纳税人申报数据与历史同期相关数据进行纵向比较。这里面涉及一些行业的平均指标，涉及对异常值范围的设定。

(四) 关联分析

根据不同税种之间的关联性和勾稽关系，参照相关预警值进行税种之间的关联性分析，分析纳税人应纳相关税种的异常变化。

(五) 情况对照

应用税收管理员日常管理中所掌握的情况和积累的经验，将纳税人申报情况与其生产经营实际情况相对照，分析其合理性，以确定纳税人申报纳税中存在的问题及其原因。

（六）综合比较

通过对纳税人生产经营结构,主要产品能耗、物耗等生产经营要素的当期数据、历史平均数据、同行业平均数据以及其他相关经济指标进行比较,推测纳税人实际纳税能力。

四、纳税评估的结果处理

对于纳税评估的结果,主要处理的方式如下表所示:

表 5-1　纳税评估的结果处理

主要方式	处理的内容
提请改正	对纳税评估中发现的计算和填写错误、政策和程序理解偏差等一般性问题,或存在的疑点问题经约谈、举证、调查核实等程序认定事实清楚,不具有偷税等违法嫌疑,无须立案查处的,可提请纳税人自行改正。
督促落实	需要纳税人自行补充的纳税资料,以及需要纳税人自行补正申报、补缴税款、调整账目的,税务机关应督促纳税人按照税法规定逐项落实。
税务约谈	对纳税评估中发现的需要提请纳税人进行陈述说明、补充提供举证资料等问题,应由主管税务机关约谈纳税人。

第三节　税务审计与反避税调查

税务审计是税务部门主动加强税务管理、强化税额确认的重要方法,也是进行反避税管理的重要前期准备。国际经验表明,最好的反避税政策应该使投资国、跨国公司和被投资国三方共赢,这需要在上述三者之间找到一种利益平衡。这种平衡不仅要求对避税有很高的认知程度,也要求相应的税务审计能力和反避税能力。可以预见,在以后相当长时期内,反避税将是我国税务稽查和税务审计领域的一项重要任务。

一、税务审计

税务审计的基础内容包括区别于一般审计的含义,对其概述如下。

（一）税务审计的定义

国家审计机关对企事业单位和纳税人应缴税款依法进行的审核、稽查。税务审计是指由国家法定的审计机关根据宪法和审计法的规定,依照现行税收法规、政策、制度,对税务机关贯彻执行税收计划、各项税收法规和税收征管制度的情况所进行的审查、监督行为。[①]

---

① 刘汉屏、付仲:《浅谈税务审计》,《江西审计》1997 年第 8 期。

税务审计本质上是一种税收管理手段。它是指税务机关根据纳税单位提交的纳税申报表以及自身所掌握的纳税对象的相关信息，遵从国家相应的法律法规，按照特定的审计程序，对一定时期内纳税单位的税务情况进行合理的审查、分析以及评判，确定纳税单位以往的税务处理方式是否恰当、合法，以便能及时查错防漏，对错误行为进行纠正处理，并提出合理的补救措施，从而有效管控企业与个人的税务情况，达到提高税收征管质量的目的。

（二）税务审计的内容

在税务稽查和涉外税务审计的基础上，对两者进行整合形成的涵盖税务稽查和涉外税务审计，并适用于国内外企业的涉税审计体系。从这一定义中可以看出，税务审计体系所包含的内容应该是比较广泛的，诸如税务执法人员的风险理念、机构设置及分工、绩效考核标准、争议处理机制、风险防控措施、特殊企业（行业）税务审计体系，等等。

（三）税务审计的作用

开展税务审计，有利于推进我国税收管理体制改革；有利于传承改革开放以来中国国际税收管理的经验；有利于完善企业税务风险管理的内控机制，提高企业税法遵从度；有利于建立和谐的税企关系；有利于全面掌握企业生产经营和财务管理状况，提高征管效率；有利于对企业进行定期、全面检查，凸显税收管理的保障作用；有利于探索大企业和集团经营企业的专业化税收服务管理体系。

二、反避税调查

避税安排往往以获取税收利益为唯一目的或者主要目的，并以形式符合税法规定、但与其经济实质不符的方式获取税收利益。因此，各级税务机关应当结合工作实际，应用各种数据资源，如企业所得税汇算清缴、纳税评估、同期资料管理、对外支付税务管理、股权转让交易管理、税收协定执行等，及时发现一般反避税案源。

（一）反避税管理的概念

反避税管理是指政府通过采取各种积极的措施，对避税问题加以防范和制止的一种管理活动。目前，中国在企业所得税和个人所得税等税种方面加强反避税管理，提供了明确的制度规定。

（二）反避税管理的内容

反避税管理业务十分丰富，这里仅以企业所得税和个人所得税为例。对于企业所得税而言，反避税管理的内容包括：

（1）转让定价管理，是指税务机关依法对企业与其关联方之间的业务往来是否符合独立交易原则进行审核评估和调查调整等工作的总称。

(2) 预约定价安排,是指企业就其未来年度关联交易的定价原则和计算方法,向税务机关提出申请,与税务机关按照独立交易原则协商、确认后达成的协议。预约定价安排适用于主管税务机关(指负责特别纳税调整事项的税务机关,下同)向企业送达接收其谈签意向的《税务事项通知书》之日所属纳税年度起三至五个年度的关联交易,一般适用于主管税务机关向企业送达接收其谈签意向的《税务事项通知书》之日所属纳税年度前三个年度每年度发生的关联交易金额人民币4 000万元以上的企业。

(3) 资本弱化管理,是指由于债权融资和股权融资的税务处理不同(利息支出可税前扣除,而股息支出不能扣除,且通常面临公司税和预提税两级税收),跨国公司可通过增加债权融资、减少股权融资的方式避税。

(4) 成本分摊协议管理,是指企业与其关联方共同开发、受让无形资产,或者共同提供、接收劳务发生的成本,在计算应纳税所得额时应当按照独立交易原则进行分摊。

(5) 受控外国企业管理,是指由居民企业,或者居民企业和中国居民控制的设立在实际税负明显低于《企业所得税法》第四条第一款规定税率水平的国家(地区)的企业,并非由于合理的经营需要而对利润不做分配或者减少分配的,上述利润中应归属于该居民企业的部分,应当计入该居民企业的当期收入。

(6) 一般反避税管理,是指税务机关对于没有经济实质的企业,可在税收上否定该企业的存在,启动一般反避税调查。一般反避税调查是指一般反避税管理税务机关按照所得税法,对企业实施其他不具有合理商业目的的安排而减少其应纳税收入或所得额进行审核评估和调查调整等工作的总称。

对于个人所得税而言,反避税管理可根据《中华人民共和国个人所得税法》第八条规定,有下列情形之一的,税务机关有权按照合理方法进行纳税调整:

(1) 个人与其关联方之间的业务往来不符合独立交易原则而减少本人或者其关联方应纳税额,且无正当理由;

(2) 居民个人控制的,或者居民个人和居民企业共同控制的设立在实际税负明显偏低的国家(地区)的企业,无合理经营需要,对应当归属于居民个人的利润不作分配或者减少分配;

(3) 个人实施其他不具有合理商业目的的安排而获取不当税收利益。

税务机关依照上述规定作出纳税调整,需要补征税款的,应当补征税款,并依法加收利息。

(三) 反避税管理的程序

以企业所得税为主体内容,反避税管理的主要程序包括:

1. 立案

主管税务机关应结合企业所得税汇算清缴、纳税评估、同期资料管理、对外支付税务管理、股权转让交易管理、税收协定执行等工作,及时发现一般反避税案源。主管税务机关发现企业存在避税嫌疑的,层报省级税务机关复核同意后,报税务总局申请立案。省级税务机关应将税务总局形成的立案申请审核意见转发主管税务机关。税务总局同意立案的,主管税务机关实施一般反避税调查。

2. 调查

税务机关实施一般反避税调查时,应向被调查企业送达《税务检查通知书》。被调查企业认为其安排不属于《一般反避税管理办法》所称避税安排的,应当自收到《税务检查通知书》之日起60日内提供证明材料。

3. 结案

主管税务机关根据调查过程中获得的相关资料,自税务总局同意立案之日起9个月内进行审核,综合判断企业是否存在避税安排,形成案件不予调整或者初步调整方案的意见和理由,层报省税务机关复核同意后,报税务总局申请结案。

4. 争议处理

被调查企业对主管税务机关做出的一般反避税调整决定不服的,可以按照有关法律法规的规定申请争议处理。主管税务机关做出的一般反避税调整方案导致国内双重征税的,由税务总局统一组织协调解决。被调查企业认为中国税务机关做出的一般反避税调整,导致国际双重征税或不符合税收协定规定征税的,可以按照税收协定及其相关规定申请启动相互协商程序。

[延伸阅读]

2017年4月底,某市TS税务局收到市综合治税办公室转来的工商登记变更信息。梳理这些信息,税务人员发现Z公司在今年1月4日进行了减资处理,涉及自然人及单位减资1506万元,并涉及股东数量变化。但TS税务基础税源管理分局每月上报的自然人股权转让监控结果显示,当月并无有关Z公司股权变更的记录。

根据初步发现的问题,税务人员收集了Z公司近几年来的工商登记及变更信息。资料显示,Z公司在2010—2015年之间频繁变换公司名称及股东:2010年,公司名称变更,同年7月再次变更,2013年又做变更。2011年,公司股东人数由2人变为4人,增加了1名法人股东,同时注册资本由806万元变更为1506万元。2014年,公司股东人数变为6人,注册资本增加到3 000万元。2015年,公司进行减资操作,注册资本由3 000万元减少到1 494万元,公司股东由6人减少到2人……2017年,公司股东及公司注册资本再度变化。

Z公司的上述变动是纯属巧合的自然处理,还是刻意而为的避税安排?带着这一疑问,税务人员展开深入分析和检查。经过一番涉及法规说明、利害分析的深入沟通,Z公司负责人经过考虑讲出了实情。原来,老股东退出后,Z公司给予了一些补偿,但考虑到因工商和税务部门有联系,股东变更时会涉及缴纳个人所得税,就找会计师事务所的朋友做了一些避税筹划,就是以新股东注资入股、老股东撤资退股的形式掩盖股权转让行为,通过股东频繁变动等方式遮人耳目,以达到逃避股权转让所得缴纳个人所得税的目的。

材料点评:与直接的股权转让相比,通过增资减资方式进行避税更具有隐蔽性。当前,很多地方的工商和税务部门都启动了定期的自动信息交换机制,以使税务部门能更及时地获取股权转让相关的涉税信息,但对增资和减资方式缺乏关注。随着新的个人所得税法实施,未来股权转让的个税管理将加强。

(根据《频繁变更股东逃避缴纳个税案》一文整理形成,海南百胜财务,http://www.hibaisheng.com/caishuizixun/288.Html,2018)

练 习 题

一、名词解释

税收风险管理　　　　纳税评估　　　　税务约谈　　　　案头审核
税务审计　　　　　　反避税

二、简答题

1. 简述税收风险管理的内容。

2. 简述纳税评估的作用。

3. 简述纳税评估的方法。

4. 简述反避税管理的主要内容及其特征,并就我国未来反避税管理的建设,提出你的建议。

5. 随着新审计报告准则的出台,阐述建立风险导向的税务审计的现实意义。

三、案例分析

税务行政诉讼案例

中原市某某区税务局(以下简称某某税务局)及中原市税务局(以下简称市税务局)因被上诉人中原新润百汇公共设施管理有限公司(以下简称某百汇公司)诉某某税务局和市税务局税务行政管理行为及行政复议一案,不服中原市某某区人民法院(2018)省0104行初136号行政判决,向法院提起上诉。法院受理后,依法组成合议庭进行了审理。现已审理终结。

原审法院查明,某百汇公司于2009年4月8日与中原市人民防空办公室签订《关于中原市汉正街地下人防工程项目建设及使用的协议》。协议约定:建成后所有权归国家所有,某百汇公司享有40年的经营使用权,期满后无条件无偿将该工程交给中原市人民防空办公室。2009年、2010年某百汇公司与受让人签订《中原地一大道(天地一家人)商铺经营使用权转让合同》,将经营使用权予以转让,并在2009年起将此收入申报缴纳营业税及相关税费。

2018年5月14日某百汇公司向市直属局提交《退税申请书》,称:中原市中级人民法院作出(2018)鄂01行终131号行政判决书,认定《中原地一大道(天地一家人)商铺经营使用权转让合同》属于财产转让合同,取得的收入属转让财产收入,不属于营业税征税范围。因中原市地铁建设拆除收入退回等原因,已退还部分营业税及附加税费。现要求退还不属于营业税征收范围的不应缴纳的余下营业税33 507 613.83元、城建税16 194.19元、教育费附加6 940.37元、地方教育附加504 645.75元及堤防费335 076.11

元。2018年6月13日,该局作出《关于中原新润百汇公共设施管理有限公司退税申请答复告知书》,认为某百汇公司取得的收入属于营业税征税范围,不予退还营业税及相关税费。某百汇公司不服,向市税务局申请行政复议。11月2日,市税务局作出的武税复决字(2018)9号行政复议决定书,维持上述答复意见。某百汇公司对两原审被告作出的税务管理行为和复议行为不服,故诉至原审法院,提出前述诉讼请求。

另查明:2018年7月国地税改革,原中原市某某区国家税务局和原中原市某某区地方税务局的权利义务由原审被告中原市某某区税务局承接。原原中原市国家税务局和原中原市地方税务局的权利义务由中原市税务局承接。2018年10月27日某百汇公司被划入原审被告某某税务局的税务行政管理范围。

某百汇公司不服原中原市某某区国家税务局的税务行政管理行为及原中部省中原市国家税务局行政复议行为于2016年12月9日向原审法院提起行政诉讼,该案两被告在审理中均主张涉案《中原地一大道(天地一家人)商铺经营使用权转让合同》性质为财产转让合同而非租赁合同,其收入应为转让财产收入而非租金收入,原审法院在(2016)鄂0104行初88号行政判决中认为行政机关认定该合同属财产转让合同,其转让财产收入不属于租金收入的认定并无不当。后某百汇公司上诉至中原市中级人民法院,该院作出(2018)鄂01行终131号行政判决书维持原审法院判决。某百汇公司申请再审,中部省高级人民法院作出(2018)鄂行申520号行政裁定书驳回某百汇公司再审申请。

原审法院认为,《中华人民共和国税收征收管理法》第五条规定:各地国家税务局和地方税务局应当按照国务院规定的税收征收管理范围分别进行征收管理。原审被告某某税务局有相关的税务行政管理法定职责,原审被告市税务局有行政复议法定职责,某百汇公司对此亦无异议。2018年10月27日某百汇公司被划入原审被告某某税务局的税务行政管理范围,原审被告某某税务局对市直属局作出的涉案行政行为承担责任。上诉人某某区税务局不服原审判决,向法院提起上诉称:(一)上诉人对被上诉人转让地下商铺使用权取得经营收入征收营业税符合税收法律规定,且与(2016)鄂0104行初88号行政案件中上诉人的主张和裁判内容并无冲突,上诉人的答复行为具有合法性基础,不应予以撤销;(二)被上诉人转让地下商铺使用权取得经营收入的行为,虽然不同时期在适用营业税税目上有所变化,但不影响纳税人应当依法申报营业税税款的事实;(三)如撤销现有的答复行为,势必对税收征管秩序造成影响;(四)上诉人对于纳税人的行政救济权利已经给予了充分的保护,在程序上做到了合法;(五)被上诉人所主张退还的营业税从结算缴纳税款之日至提出退税申请之日已经超过三年,因此也不应当予以退还。请求撤销一审判决并依法改判。

上诉人市税务局不服原审判决,向法院提起上诉称:(一)某某税务局不予退税答复的依据合法,上诉人维持某某税务局的行政行为不存在错误;(二)上诉人对于纳税人的行政救济权利已经给予了充分的保护,在程序上做到了合法;(三)被上诉人所主张退还的营业税从结算缴纳税款之日至提出退税申请之日已经超过三年,一审判决对此未予以回应。请求撤销一审判决并改判。

被上诉人辩称:(一)一审判决认定事实清楚,适用法律正确;(二)本案所涉及的财产转让收入,不属于营业税的征收范围;(三)被答辩人在其作出的武税复决字〔2018〕9号《行政复议决定书》中亦未向答辩人提出"退还营业税、城建税及各项附加费从结算缴纳税款之日至提出退税申请之日起已经超过三年"的主张;(四)税务机关应依法征收、退还税款,而不应基于其他因素决定是否征收、退还税款。请求依法维持一审判决。

各方当事人向原审法院提交的证据、依据均已随案移送法院,法院对证据的认证和采信理由与原审法院相同,对原审法院认定的事实予以认可。

(资料来源:根据税海涛声《财产转让 PK 经营租赁,这起税务行政诉讼案件蛮有意思》编辑形成,https://www.sohu.com/a/327551337_467122,2019.7.18)

试分析此案例中法院审判是否合法？该税务局做法是否合法？某百汇公司涉税行为是否存在问题？

第六章 税款追征

第一节 税款追征的概述

税款追征是税务机关维护国家税收收入、纠正企业纳税不完全遵从行为的补救措施。具体来说,相关法律对于税款追征的内容和范围都有明确的规定。

一、税款追征概念

税款追征是指纳税人和扣缴义务人因未缴、少缴税款,税务机关责令其限期缴纳或者解缴税款的活动总称。在税收管理领域,通常称为欠税清理。这里,欠税是指纳税人超过税收法律、行政法规规定的期限或者纳税人超过税务机关依照税收法律、行政法规规定确定的纳税期限(以下简称税款缴纳期限)未缴纳的税款。

税款追征的措施和手段主要包括:责令限期缴纳、加收滞纳金、税收优先权纳税担保、税收保全、强制执行、行使代位权、撤销权、阻止出境等。

二、税款追征的特征

税款追征的特征主要包括以下几个方面,概括如下表:①

表 6-1 税款追征的特征

主体特征	内　　涵
税收债务性	由于税款追征是对未缴、少缴的税款进行追征。因此只有当纳税人或扣缴义务人具有债务性的未缴税款时,即纳税人或者或扣缴义务人未按照规定发生未缴、少缴税款时才适用税款追征制度。
强制性	税款的追征制度属于强制性规范。税款追征的实施必须依照法律规定且不能以个人意志为转移进行变更。

---

① 本节部分内容参考龚辉:《税收管理》,北京:清华大学出版社 2018 年版:130—155 页。

续 表

主体特征	内　涵
时效性	税款追征的时效性很强,这是因为关于税款追征有以下两条规定: 1. 因纳税人、扣缴义务人计算错误等失误,造成未缴或者少缴税款的,税务机关可在 3 年内追征税款并加收滞纳金。有特殊情况(累计数额在 10 万元以上)的,追征期可以延长到 5 年。其中,规定的纳税人、扣缴义务人计算错误等失误,是指以非主观故意的计算公式运用错误以及明显的笔误。因此,当追征期限超过五年,税款的追征就无法实现。 2. 纳税人或其他当事人涉及偷税、抗税、骗税行为的,税务机关可以无限期追征其未缴或者少缴的税款、滞纳金或者骗取的税款。

三、税款追征的范围

税款追征最主要的是针对欠税的情形。欠税是指纳税人超过税收法律、行政法规规定的期限或者纳税人超过税务机关依照税收法律、行政法规规定确定的纳税期限(以下简称税款缴纳期限)未缴纳的税款。

欠税的形式包括:

(1) 办理纳税申报后,纳税人未在税款缴纳期限内缴纳的税款;

(2) 经批准延期缴纳的税款期限已满,纳税人未在税款缴纳期限内缴纳的税款;

(3) 税务检查已查定纳税人的应补税额,纳税人未在税款缴纳期限内缴纳的税款;

(4) 税务机关根据《税收征管法》第二十七条、第三十五条核定纳税人的应纳税额,纳税人未在税款缴纳期限内缴纳的税款;

(5) 纳税人的其他未在税款缴纳期限内缴纳的税款。

税务机关对上述规定的欠税数额应当及时核实。欠税不包括滞纳金和罚款。

四、税款追征期

因税务机关的责任,致使纳税人、扣缴义务人未缴或者少缴税款的,税务机关在三年内可以要求纳税人、扣缴义务人补缴税款,但是不得加收滞纳金。

因纳税人、扣缴义务人计算错误等失误,未缴或者少缴税款的,税务机关在三年内可以追征税款、滞纳金;有特殊情况的,追征期可以延长到五年。

对偷税、抗税、骗税的,税务机关追征其未缴或者少缴的税款、滞纳金或者所骗取的税款,不受规定期限的限制。

纳税人不进行纳税申报造成不缴或少缴应纳税款的情形不属于偷税、抗税、骗税,其追征期按照《税收征管法》第五十二条规定的精神,一般为三年,特殊情况可以延长至五年。

第二节　追征调查

加强税款追征,防范申报税款未及时足额入库的风险是税务机关的重要职责。通过定期开展纳税人欠税偿还能力分析,查明欠税原因,有针对性地分类采取清缴欠税措施,严格执行税收保全措施及强制执行措施。税款追征调查是税款追征的首要工作。税款追征调查的方式包括电话询问、信函调查、约谈说明、资料检查、账簿检查、第三方调查、实地检查等方式,税务机关应针对欠税纳税人、扣缴义务人的具体情形,采用不同的追征调查方式。对追征工作,纳税人、扣缴义务人表现配合的,主要采用电话询问、信函调查、约谈说明、资料检查、账簿检查等方式;反之,则主要采用第三方调查和实地检查方式,如对欠税纳税人、扣缴义务人不予提供银行账号的,可以到银行和其他金融机构查询账户、资金余额情况,进而采取冻结存款的强制措施;对欠税纳税人、扣缴义务人不予提供资产情况的,可以进行实地检查。具体方式如下:

一、电话询问

电话询问法是指调研人员根据事先拟定的问题,用电话向调研对象询问以获取信息资料的方法。

电话询问的程序要求:

(1) 税务人员选择以电话方式询问纳税人或扣缴义务人,应当按照规定权限报批。

(2) 接通电话后,应表明身份,核实被询问人的身份,告知纳税人或扣缴义务人正在被录音并告知纳税人或扣缴义务人拒绝接受询问或者提供虚假陈述可能导致的法律后果。通常情况下,税务机关应当询问被检查单位的法定代表人或者业主,法定代表人或者业主在电话中授权其他人回答的,可以询问被授权人。

(3) 对欠税问题进行提问。

(4) 询问结束后,制作电话录音的文字记录。

(5) 电话询问的录音或者文字记录不能作为直接实施行政处罚或核定应纳税额的依据。如果发现线索,还应当采取其他方式进一步核实情况。

录音资料应当注明制作方法、制作时间、制作人和证明对象等,并附有该声音内容的文字记录。

二、信函调查

信函调查是把调查问卷寄给事先确定好的被调查者,由他们完成以后再把问卷寄回给调查人员的调查方式。

信函调查的程序要求:

(1) 税务人员选择以信函方式询问纳税人或扣缴义务人,应当按照规定权限报批。

(2) 向纳税人或扣缴义务人寄发《税务事项通知书》,并附"送达回证"。

三、约谈说明

约谈是指拥有具体行政职权的机关,通过约谈沟通、学习政策法规、分析讲评等方式,对下级组织运行中存在的问题予以纠正并规范的准具体行政行为。

约谈说明的程序要求:

(1) 税务人员选择以约谈方式询问纳税人或扣缴义务人,应当按照规定权限报批。

(2) 税务机关应当在约谈日期前的合理期间内向纳税人或扣缴义务人发出《询问通知书》。

(3) 安排两名或两名以上有执法资格的税务人员进行询问,核实被询问人的身份,告知被询问人的权利和义务,就相关涉税问题进行询问,并制作《询问笔录》。

(4) 询问结束,应将笔录交由被询问人核对,对没有阅读能力的,应向其宣读。如被询问人认为笔录有遗漏或差错,应允许其补充或改正。

(5) 询问聋、哑的被询问人,应当有通晓聋、哑手势的人参加,并将此种情况在笔录中记明。

(6) 被询问人为两人或者两人以上时,询问笔录分别记载,单独制作笔录。

四、资料检查

资料检查是指为进一步规范统计提交的统计资料。确定其真实性、连续性、完整性、相对于特定要求的符合性,或在专业判断的基础上,确定相对于通用要求的符合性。

资料检查的程序要求:

(1) 税务机关在税收检查中要求纳税人或扣缴义务人提供涉税资料的,应当按照内部规定权限报批,出具《税务事项通知书》(提供资料),送达纳税人或扣缴义务人。对要求提供的资料列举种类、名目,由纳税人或扣缴义务人提供其认为能够作为证明资料的一切有必要的资料。

(2) 税务机关接收纳税人或扣缴义务人提交的资料后,对照提供资料清点或制作《提供资料清单》,双方在清单上签字,并注明收到时间,加盖税务机关印章。

(3) 税务机关向纳税人或扣缴义务人确认是否还需要进一步补充资料。

第三节 税款追征的权限与方法

税款追征的权限与方法主要涉及责令限期缴纳、税收优先权、纳税担保、离境清税制度、代位权与撤销权、滞纳金制度等方面,概述如下。

一、责令限期缴纳

限期缴纳是指限定期限责成纳税人缴纳税款的一种措施。限期缴纳与纳税期限是两种不同的概念。限期缴纳是法律强制性用语,一般适用于纳税人违反税收法规后税务机关强行规定的缴纳限期。

譬如,对漏税者,税务机关令其照章补缴所漏税款;对欠税者,税务机关令其限期照章缴纳所欠税款外并应加收滞纳金。根据《税收征管法》第三十二条规定,纳税人未按照规定期限缴纳税款的,扣缴义务人未按照规定期限解缴税款的,税务机关应责令限期缴纳。除责令期限缴纳外还应征收滞纳金。

二、税收优先权

根据《税收征管法》第四十五条规定,税务机关征收税款,税收优先于无担保债权,法律另有规定的除外;纳税人欠缴的税款发生在纳税人以其财产设定抵押、质押或者纳税人的财产被留置之前的,税收应当先于抵押权、质权、留置权执行。纳税人欠缴税款,同时又被行政机关决定处以罚款、没收违法所得的,税收优先于罚款、没收违法所得。

税收优先权是指当税款与其他债权并存时,税款有优先受偿权。税收优先是国家征税的权利与其他债权同时存在时,税款的征收原则上应优先于其他债权,也称为税收的一般优先权,这是保障国家税收的一项重要原则。当纳税人财产不足以同时缴纳税款和偿付其他债权,应依据法律的规定优先缴纳税款。

三、纳税担保

纳税担保是指纳税人为保证按时足额缴纳税款及滞纳金,由纳税人或第三人向税务机关提出申请,以其未设置担保物权或未全部设置担保物权的财产向税务机关提供担保;或由税务机关认可的纳税保证人为纳税人提供纳税保证。纳税担保包括:纳税担保申请确认、纳税担保解除处理、纳税担保到期处理。社会保险费缴费担保参照纳税担保执行。

纳税担保申请确认是指税务机关对纳税人或纳税担保人提出的纳税担保申请进行受理、确认。社会保险费缴费人或其他缴费担保人提出的缴费担保申请参照纳税担保申请进行受理、确认。

税务机关对纳税人担保人的担保资格、担保能力等进行事前审核,符合纳税人担保条件的,税务机关应予受理。税务机关应首先判断纳税担保人是否办理税务登记,如纳税担保人未办理税务登记,则现场对纳税担保人的基本信息进行登记。

纳税人提供抵押担保的,应当填写纳税担保书和纳税担保财产清单。

纳税担保财产清单应当写明财产价值以及相关事项。纳税担保书和纳税担保财产清单须经纳税人签字盖章并经税务机关确认。

纳税人提供质押担保的,应当填写纳税担保书和纳税担保财产清单并签字盖章。

纳税担保申请确认受理人员受理纳税人、扣缴义务人的纳税担保申请后,根据纳税人、扣缴义务人申请的担保形式,制作《纳税担保书》,对于担保形式为纳税抵押和纳税质押的,需制作《纳税担保财产清单》。

四、离境清税制度

离境清税制度是指欠缴税款的纳税人在离开国境前,必须向税务机关缴清所欠税款及滞纳金或提供担保,否则税务机关可以通知边防或海关限制其出境的一项制度。

实行离境清税制度,有两个法定条件:一是需要出境的纳税人在出境前有欠税,或单位纳税人在其法定代表人出境前有欠税;二是欠缴税款的纳税人或者欠税单位的法定代表人在出境前,不能依法结清应纳税款、滞纳金,并且又不能提供纳税担保的。其中第一个条件是前提条件,第二个条件是必要条件。

离境清税的执行范围包括:欠缴税款的纳税人,或者他的法定代表人。阻止出境只能对自然人实施,因此,如果欠缴税款的纳税人是自然人的,阻止出境直接对纳税人实施,对单位纳税人,则通过对其法定代表人阻止出境,实施离境清税制度。

在此应注意,纳税人或他的法定代表人不仅包括中国公民,还包括符合阻止出境条件的外国人、无国籍人等非中国公民在内。当然对外籍人员的离境清税制度,还要考虑到不能与中国同外国签订的有关条约、协定相冲突。

根据新《个人所得税法》的规定,纳税人因移居境外注销中国户籍的,应当在注销中国户籍前办理税款清算。

五、代位权与撤销权

(一) 代位权

税收代位权是指欠缴税款的纳税人怠于行使其到期债权而对国家税收即税收债权造成损害时,由税务机关以自己的名义代替纳税人行使其债权的权力。

债权人依照《合同法》第七十三条的规定提起代位权诉讼,应当符合下列条件:
(1) 债权人对债务人的债权合法;
(2) 债务人怠于行使其到期债权,对债权人造成损害;
(3) 债务人的债权已到期;
(4) 债务人的债权不是专属于债务人自身的债权。

专属于债务人自身的债权,是指基于扶养关系、抚养关系、赡养关系、继承关系产生的给付请求权和劳动报酬、退休金、养老金、抚恤金、安置费、人寿保险、人身伤害赔偿请求权等权利。

《合同法》第七十三条规定的"债务人怠于行使其到期债权,对债权人造成损害的",是指债务人不履行其对债权人的到期债务,又不以诉讼方式或者仲裁方式向其债务人主张其享有的具有金钱给付内容的到期债权,致使债权人的到期债权未能实现。

次债务人(即债务人的债务人)不认为债务人有怠于行使其到期债权情况的,应当承担举证责任。债权人依照《合同法》第七十三条的规定提起代位权诉讼的,由被告住所地人民法院管辖。

债权人向人民法院起诉债务人以后,又向同一人民法院对次债务人提起代位权诉讼,符合相关规定的起诉条件的,应当立案受理;不符合相关规定的,告知债权人向次债务人住所地人民法院另行起诉。

受理代位权诉讼的人民法院在债权人起诉债务人的诉讼裁决发生法律效力以前,应当依照《中华人民共和国民事诉讼法》第一百三十六条第(五)项的规定中止代位权诉讼。

债权人以次债务人为被告向人民法院提起代位权诉讼,未将债务人列为第三人的,人民法院可以追加债务人为第三人。

两个或者两个以上债权人以同一次债务人为被告提起代位权诉讼的,人民法院可以合并审理。

在代位权诉讼中,债权人请求人民法院对次债务人的财产采取保全措施的,应当提供相应的财产担保;次债务人对债务人的抗辩,可以向债权人主张。

债务人在代位权诉讼中对债权人的债权提出异议,经审查异议成立的,人民法院应当裁定驳回债权人的起诉。

在代位权诉讼中,债权人胜诉的,诉讼费由次债务人负担,从实现的债权中优先支付。

债权人向次债务人提起的代位权诉讼经人民法院审理后认定代位权成立的,由次债务人向债权人履行清偿义务,债权人与债务人、债务人与次债务人之间相应的债权债务关系即予消灭。

在代位权诉讼中,债权人行使代位权的请求数额超过债务人所负债务额或者超过次债务人对债务人所负债务额的,对超出部分人民法院不予支持。

债务人在代位权诉讼中,对超过债权人代位请求数额的债权部分起诉次债务人的,人民法院应当告知其向有管辖权的人民法院另行起诉。

债务人的起诉符合法定条件的,人民法院应当受理;受理债务人起诉的人民法院在代位权诉讼裁决发生法律效力以前,应当依法中止。

(二)撤销权

税收撤销权是指税务机关对欠缴税款的纳税人滥用财产处分权而对国家税收造成损害的行为,请求法院予以撤销的权利。构成撤销的事由包括:

(1)欠缴税款的纳税人放弃到期债权。这是抛弃权利的单方行为,这一行为影响了其履行债务的能力。

(2)无偿转让财产。其效果与放弃到期债权相同,都导致其履行债务能力的降低。

(3)以明显不合理的低价转让财产。这种行为也会导致其履行债务能力的降低。关键是判断何为"明显不合理的低价",这需要根据当时的市场状况综合判断。另外一个客观要件是给国家税收债权造成损害。

债权人依照《合同法》相关规定提起撤销权诉讼的,由被告住所地人民法院管辖。

债权人提起撤销权诉讼时只以债务人为被告,未将受益人或者受让人列为第三人的,人民法院可以追加该受益人或者受让人为第三人。

债权人依照《合同法》第七十四条的规定提起撤销权诉讼,请求人民法院撤销债务人放弃债权或转让财产的行为,人民法院应当就债权人主张的部分进行审理,依法撤销的,该行为自始无效。

两个或者两个以上债权人以同一债务人为被告,就同一标的提起撤销权诉讼的,人民法院可以合并审理。

债权人行使撤销权所支付的律师代理费、差旅费等必要费用,由债务人负担;第三人有过错的,应当适当分担。

（三）两者的比较

"税收代位权"针对的是纳税人的消极行使债权的行为,税收代位权的行使并不会加重纳税人的债务人的负担,对纳税人也并无实质性损害。而"税收撤销权"针对的是纳税人积极行使权利的行为,权利行使的结果有可能改变纳税人和第三人之间建立的法律关系,使之溯及既往的无效。

与税收代位权相比,税收撤销权对纳税人权利及交易安全的影响要大得多。税收撤销权的行使,一方面有可能限制纳税人自由处分财产的权利,另一方面也有可能影响到与纳税人建立法律关系的第三人,与交易安全关系密切。税收撤销权的不当行使,还会影响司法秩序的稳定。因此,对税收撤销权的构成要件必须进行严格的规定。这样才符合税收法定的原则。

六、滞纳金制度

（一）滞纳金的缴纳

税收滞纳金是指有缴纳税款义务的纳税人不按时缴纳税款时,主管税务机关从滞纳之日起按日按比例加收的金额。

具体实践中,滞纳税款是指超过纳税期限的最后一天应缴未缴的税款。滞纳天数是指纳税期限届满之次日起至纳税人、扣缴义务人实际缴纳或者解缴税款之日止。特别强调的是,《税收征管法》第五十二条规定的补缴和追征税款、滞纳金的期限是自纳税人、扣缴义务人应缴未缴或者少缴税款之日起计算。

滞纳金加收率是指滞纳金占滞纳税款的比例。应加收滞纳金额的计算公式为:

$$应加收滞纳金数额 = 滞纳税款 \times 滞纳天数 \times 滞纳金加收率$$

纳税人需要延期缴纳税款的,应当在缴纳税款期限届满前提出申请,并报送下列材料:申请延期缴纳税款报告,当期货币资金余额情况及所有银行存款账户的对账单,资产负债表,应付职工工资和社会保险费等税务机关要求提供的支出预算。税务机关应当自收到申请延期缴纳税款报告之日起20日内做出批准或者不予批准的决定;不予批准的,从缴纳税款期限届满之日起加收滞纳金。

加收滞纳金的起止时间,为法律、行政法规规定或者税务机关依照法律、行政法规的规定确定的税款缴纳期限届满次日起至纳税人、扣缴义务人实际缴纳或者解缴税款之日止。对于补缴和追征税款、滞纳金的期限,自纳税人、扣缴义务人应缴未缴或者少缴税款之日起计算。

（二）不加收税收滞纳金情形

不加收税收滞纳金的情形较多,这里仅列举常见的不加收情形:
(1) 因税务机关责任少缴税款不加收滞纳金。

（2）经批准延期缴纳税款不加收滞纳金。

（3）善意取得虚开增值税专用发票已抵扣税款不加收滞纳金。

（4）应扣未扣个人所得税不加收滞纳金。

（5）年所得达到12万元的纳税人，平时有应扣未扣税款的，在办理年度自行纳税申报时只要如实申报收入情况，税务机关只补征其应扣未扣的税款不加收滞纳金。

（6）双定户申报缴纳高于定额税款不加收滞纳金。

（7）因地震灾害不能按期而延期缴纳税款不加收滞纳金。

（8）豁免历史欠税不加收滞纳金。

（9）进入破产程序滞纳税款不加收滞纳金。

（10）利用世界银行贷款进口设备进口税不加收滞纳金。

自2020年3月1日起，对纳税人、扣缴义务人、纳税担保人应缴纳的欠税及滞纳金不再要求同时缴纳，可以先行缴纳欠税，再依法缴纳滞纳金。

七、欠税公告

根据《税收征管法》第四十五条的规定，税务机关应当对纳税人欠缴税款的情况定期予以公告。税务机关为督促纳税人自觉缴纳欠税，防止新的欠税的发生，保证国家税款及时足额入库，具有欠税公告权。

所谓欠税公告，是指税务机关为了督促纳税人自觉缴纳欠税，防止新的欠税的发生，保证国家税款的及时足额入库，由县级以上各级税务机关将纳税人的欠税情况，在办税场所或者广播、电视、报纸、期刊、网络等新闻媒体上定期公告。

（一）欠税公告的范围

（1）办理纳税申报后，纳税人未在税款缴纳期限内缴纳的税款；

（2）经批准延期缴纳的税款期限已满，纳税人未在税款缴纳期限内缴纳的税款；

（3）税务检查已查定纳税人的应补税额，纳税人未在税款缴纳期限内缴纳的税款；

（4）税务机关根据《税收征管法》第二十七条、第三十五条核定纳税人的应纳税额，纳税人未在税款缴纳期限内缴纳的税款；

（5）纳税人的其他未在税款缴纳期限内缴纳的税款。税务机关对前款规定的欠税数额应当及时核实。

公告的欠税不包括滞纳金和罚款。

（二）欠税公告的方式

公告机关应当按期在办税场所或者广播、电视、报纸、期刊、网络等新闻媒体上公告纳税人的欠缴税款情况。

（1）企业或单位欠税的，每季公告一次；

（2）个体工商户和其他个人欠税的，每半年公告一次；

（3）走逃、失踪的纳税户以及其他经税务机关查无下落的非正常户欠税的，随时公告。

(三) 欠税公告的内容

（1）企业或单位欠税的,公告企业或单位的名称、纳税人识别号、法定代表人或负责人姓名、居民身份证或其他有效身份证件号码、经营地点、欠税税种、欠税余额和当期新发生的欠税金额;

（2）个体工商户欠税的,公告业户名称、业主姓名、纳税人识别号、居民身份证或其他有效身份证件号码、经营地点、欠税税种、欠税余额和当期新发生的欠税金额;

（3）个人(不含个体工商户)欠税的,公告其姓名、居民身份证或其他有效身份证件号码、欠税税种、欠税余额和当期新发生的欠税金额。

(四) 对大额欠税以及失踪纳税户欠税的公告

对于对大额欠税以及失踪纳税户欠税的情况,相应的公告要求如下：

（1）企业、单位纳税人欠缴税款200万元以下(不含200万元),个体工商户和其他个人欠缴税款10万元以下(不含10万元)的,由县级税务局(分局)在办税服务厅公告。

（2）企业、单位纳税人欠缴税款200万元以上(含200万元),个体工商户和其他个人欠缴税款10万元以上(含10万元)的,由地(市)级税务局(分局)公告。

（3）对走逃、失踪的纳税户以及其他经税务机关查无下落的纳税人欠税的,由各省、自治区、直辖市和计划单列市税务局公告。

(五) 对公告机关的要求

对按需要由上级公告机关公告的纳税人欠税信息,下级公告机关应及时上报。具体的时间和要求由各省、自治区、直辖市和计划单列市税务局确定。

公告机关在欠税公告前,应当深入细致地对纳税人欠税情况进行确认,重点要就欠税统计清单数据与纳税人分户台账记载数据、账簿记载书面数据与信息系统记录电子数据逐一进行核对,确保公告数据的真实、准确。

欠税一经确定,公告机关应当以正式文书的形式签发公告决定,向社会公告。

(六) 可不公告情形

欠税公告的数额实行欠税余额和新增欠税相结合的办法,对纳税人的以下欠税,税务机关可不公告：

（1）已宣告破产,经法定清算后,依法注销其法人资格的企业欠税;

（2）被责令撤销、关闭,经法定清算后,被依法注销或吊销其法人资格的企业欠税;

（3）已经连续停止生产经营一年(按日历日期计算)以上的企业欠税;

（4）失踪两年以上的纳税人的欠税。

八、破产清税

纳税人有解散、撤销、破产情况的,在清算前应向主管税务机关报告：未结清税款的,由其主管税务机关参加清算。

税务机关在人民法院公告的债权申报期限内,向管理人申报企业所欠税款(含教育费附加、地方教育附加,下同)、滞纳金及罚款。因特别纳税调整产生的利息,也应一并申报。企业所欠税款、滞纳金、罚款,以及因特别纳税调整产生的利息,以人民法院裁定受理破产申请之日为截止日计算确定。

在人民法院裁定受理破产申请之日至企业注销之日期间,企业应当接受税务机关的税务管理,履行税法规定的相关义务。破产程序中如发生应税情形,应按规定申报纳税。从人民法院指定管理人之日起,管理人可以按照《中华人民共和国企业破产法》第二十五条规定,以企业名义办理纳税申报等涉税事宜。企业因继续履行合同、生产经营或处置财产需要开具发票的,管理人可以以企业名义按规定申领开具发票或者代开发票。

企业所欠税款、滞纳金、因特别纳税调整产生的利息,税务机关按照企业破产法相关规定进行申报,其中,企业所欠的滞纳金、因特别纳税调整产生的利息按照普通破产债权申报。

九、税收继承

对企业而言,纳税人有合并、分立情形的,应当向税务机关报告,并依法缴清税款。纳税人合并时未缴清税款的,应当由合并后的纳税人继续履行未履行的纳税义务;纳税人分立时未缴清税款的,分立后的纳税人对未履行的纳税义务应当承担连带责任。

对于自然人纳税人而言,继承遗产应当清偿被继承人依法应当缴纳的税款和债务,缴纳税款和清偿债务以他的遗产实际价值为限。超过遗产实际价值部分,继承人自愿偿还的不在此限。继承人放弃的,对被继承人依法应当缴纳的税款和债务可以不负偿还责任。

执行遗赠不得妨碍清偿遗赠人依法应当缴纳的税款和债务。

十、税务行政强制

税务行政强制主要体现为税收保全的形式。具体分析如下:

(一)税收保全措施

1. 税收保全措施的概念

税收保全是指税务机关对可能由于纳税人的行为或某种客观原因,致使以后的税款的征收不能保证或难以保证的案件,采取限制纳税人处理或者转移商品、货物或其他财产的措施。

2. 税收保全措施的适用情形

(1)税务机关责令具有税法规定情形的纳税人提供纳税担保而纳税人拒绝提供纳税担保或无力提供纳税担保的,经县以上税务局(分局)局长批准,税务机关可以采取下列税收保全措施:

① 书面通知纳税人开户银行或者其他金融机构冻结纳税人的金额相当于应纳税款的存款；

② 扣押、查封纳税人的价值相当于应纳税款的商品、货物或者其他财产。

(2) 对未按照规定办理税务登记的从事生产、经营的纳税人，以及临时从事经营的纳税人，由税务机关核定其应纳税额，责令缴纳；不缴纳的，税务机关可以扣押其价值相当于应纳税款的商品、货物。扣押后缴纳应纳税款的，税务机关必须立即解除扣押，并归还所扣押的商品、货物；扣押后仍不缴纳应纳税款的，经县以上税务局（分局）局长批准，依法拍卖或者变卖所扣押的商品、货物，以拍卖或者变卖所得抵缴税款。

(3) 税务机关对从事生产、经营的纳税人以前纳税期的纳税情况依法进行税务检查时，发现纳税人有逃避纳税义务行为，并有明显转移、隐匿其应纳税的商品、货物以及其他财产或者应纳税的收入的迹象的，可以按照税收征管法规定的批准权限采取税收保全措施或者强制执行措施。

3. 不适用税收保全的财产

(1) 个人及其所扶养家属维持生活必需的住房和用品（不包括机动车辆、金银饰品、古玩字画、豪华住宅或者一处以外的住房），不在税收保全措施的范围之内。

(2) 税务机关对单价5 000元以下的其他生活用品，不采取税收保全措施。

(二) 税收强制执行措施

1. 税收强制执行的概念

税收强制执行是指从事生产、经营的纳税人、扣缴义务人不按照规定的期限缴纳或者解缴税款，纳税担保人不按照规定的期限缴纳所担保的税款，或者当事人不履行税收法律、行政法规规定的义务，税务机关依法采取的强制追缴手段。

2. 税收强制执行的适用范围

与税收保全只适用于纳税人不同，税收强制执行的适用对象既包括纳税人，又包括扣缴义务人、纳税担保人及其他当事人。

3. 税收强制执行的适用条件

适用税收强制执行措施的前提条件是从事生产、经营的纳税人、扣缴义务人未按规定的期限缴纳税款或者解缴税款、纳税担保人未按照规定的期限缴纳所担保的税款。

此外，对已采取税收保全措施的纳税人，限期内仍未履行纳税义务的，可依法采取强制执行措施。

4. 税收强制执行的主要形式

税收强制执行的主要形式包括：

(1) 书面通知其开户银行或者其他金融机构从其存款中扣缴税款。

(2) 扣押、查封、依法拍卖或者变卖其价值相当于应纳税款的商品、货物或者其他财产，以拍卖或者变卖所得抵缴税款。

5. 强制执行措施的注意点

适用强制执行措施的具体条件、程序和应注意的问题包括：

（1）采取强制执行措施必须坚持告诫在先、执行在后的原则。

（2）强制执行必须发生在限期缴纳期满之后。

（3）采取强制执行前，应当依法报经县以上税务局（分局）局长批准。

（4）采取强制执行措施时，对从事生产、经营的纳税人、扣缴义务人、纳税担保人未缴纳的滞纳金同时强制执行。

（5）扣押、查封、拍卖或者变卖等行为具有连续性。

（6）个人及其抚养家属维持生活必需的住房和用品不在强制执行的范围内。

（7）税务机关将扣押、查封的商品、货物或者其他财产变价抵缴税款时，应当交由依法成立的拍卖机构拍卖。

第四节　无欠税证明的开具

为深入贯彻党的十九届四中全会精神，持续推进税收领域"放管服"改革，积极回应市场主体需求，切实服务和便利纳税人，国家税务总局自 2020 年开始为纳税人提供《无欠税证明》开具服务。

一、无欠税证明的概念

《无欠税证明》是指税务机关依纳税人申请，根据税收征管信息系统所记载的信息，为纳税人开具的表明其不存在欠税情形的证明。这是做好纳税服务的重要举措。

二、不存在欠税的情形

"不存在欠税情形"，是指纳税人在税收征管信息系统中，不存在应申报未申报记录且无下列应缴未缴的税款：

（1）办理纳税申报后，纳税人未在税款缴纳期限内缴纳的税款；

（2）经批准延期缴纳的税款期限已满，纳税人未在税款缴纳期限内缴纳的税款；

（3）税务机关检查已查定纳税人的应补税额，纳税人未缴纳的税款；

（4）税务机关根据《中华人民共和国税收征收管理法》第二十七条、第三十五条核定纳税人的应纳税额，纳税人未在税款缴纳期限内缴纳的税款；

（5）纳税人的其他未在税款缴纳期限内缴纳的税款。

纳税人因境外投标、企业上市等需要，确需开具《无欠税证明》的，可以向主管税务机关申请办理。

[延伸阅读]

强制执行措施与税收保全措施之间存在连续关系，但没有必然的因果连续关系。也就是说，强制执行措施之前不一定有税收保全措施作铺垫，而税收保全措施的结果也不一定就是强制执行。此外,还要注意比较税收保全措施和税收强制执行措施的关系和异同点。

表 6-2 税收保全措施和税收强制执行的异同点

分类	分析
主要相同点	① 批准级次相同,都是县以上税务局(分局)局长批准。 ② 个人及其所抚养家属维持生活必需的住房和用品,不在税收保全措施和强制执行措施范围之内。
主要不同点	① 被执行人范围不同。税收保全措施的使用范围只涉及从事生产经营的纳税人;强制执行措施的使用范围除涉及从事生产经营的纳税人之外,还涉及扣缴义务人、纳税担保人。所以,从被执行人角度看,强制执行措施比税收保全措施的涉及面要广。 ② 执行限度有差异。税收保全措施执行限度应当以应纳税额为限;而采取税收强制执行措施时,对纳税人、扣缴义务人、纳税担保人未缴纳的滞纳金必须同时强制执行,但不包括罚款。这里体现的政策精神:滞纳金是纳税人未按规定期限履行纳税义务而被课以的新的给付义务,是税款的正常延伸。

资料来源:根据尹珍《税收保全与税收强制执行措施的比较分析》整理形成,《山西经济管理干部学院学报》2012 年第 1 期。

练 习 题

一、名词解释

税款追征　　　　滞纳金　　　　税收优先权　　　　税收代位权
税收保全措施　　税收强制措施

二、简答题

1. 简述税款追征的特征,并简要概述这些特征的内容。
2. 简述税款追征的方法,并简要概述追征方法的内容。
3. 简述税款追征的权限。
4. 概述税收保全措施与税收强制执行措施的相同点与不同点。

三、案例分析

2019 年 3 月 5 日,某县农村税务分局发现辖区内 A 村村委会将村委会办公楼出售给村民李某,取得售房款 100 万元,未申报缴纳增值税、城市维护建设税等附加税。该税务分局依法通知该村委会限期补申报缴纳税款,但 A 村村委会以无资金为由,未在规定期限内缴纳税款。税务分局又下达《限期缴纳税款通知书》,责令 A 村村委会限期改正。限期过后,A 村村委会仍未缴纳税款。税务所向县税务局申请对该村委会采取强制执行措施。

请问这起案件能不能执行税收强制执行措施?

第七章 税收违法调查

第一节 税收违法调查的概念与特征

违法,也称违法行为,是指特定的法律主体(个人或单位)由于主观上的过错所实施或导致的、具有一定社会危害性、依法应当追究责任的行为。违法行为表现为超越法律允许限度的权利滥用、做出法律禁止的行为以及不履行法定的积极义务等。

一、税务违法调查的概念

税收违法有广义和狭义的区别,广义的税收违法包括税收刑事违法(税收犯罪)与税收行政违法;狭义的税务违法仅指税务行政违法,不包括涉税犯罪。

税收刑事违法是指侵犯国家的税收制度与管理秩序,依刑法应受刑罚惩罚的行为。

税务行政违法是指违反税收法律、行政法规,该行为具有较小的社会危害性,依法应当承担行政责任的行为。税务行政违法因其危害性较小,情节较轻,通常称为一般违法。

税务违法调查是指税务机关对违反外部行政法律规范的纳税人、扣缴义务人或者纳税担保人具体税务违法行为的调查。

二、税务检查的权限

税收征管法赋予税务机关有六个方面的税务检查权限,主要是:

1. 账证检查权

检查纳税人的账簿、记账凭证、报表和有关资料,检查扣缴义务人代扣代缴、代收代缴税款账簿、记账凭证和有关资料。

2. 场地检查权

到纳税人的生产、经营场所和货物存放地检查纳税人应纳税的商品、货物或者其他财产,检查扣缴义务人与代扣代缴、代收代缴税款有关的经营情况。

3. 责成提供材料权

责成纳税人、扣缴义务人提供与纳税或者代扣代缴、代收代缴税款有关的文件、证明材料和有关资料。

4.询问核实权

询问纳税人、扣缴义务人与纳税或者代扣代缴、代收代缴税款有关的问题和情况。

5.检查相关场所单据凭证权

到车站、码头、机场、邮政企业及其分支机构检查纳税人托运、邮寄应纳税商品、货物或者其他财产的有关单据、凭证和有关资料。

6.账户检查权

经县以上税务局(分局)局长批准,凭全国统一格式的检查存款账户许可证明,查询从事生产、经营的纳税人、扣缴义务人在银行或者其他金融机构的存款账户。税务机关在调查税收违法案件时,经设区的市、自治州以上税务局(分局)局长批准,可以查询案件涉嫌人员的储蓄存款。税务机关查询所获得的资料,不得用于税收以外的用途。

三、税务违法调查的构成要素

税务稽查的基本任务,是依法查处税收违法行为,保障税收收入,维护税收秩序,促进依法纳税。税务稽查由税务局稽查局依法实施。稽查局的主要职责是依法对纳税人、扣缴义务人和其他涉税当事人履行纳税义务、扣缴义务情况及涉税事项进行检查处理,以及围绕检查处理开展的其他相关工作。税收违法调查的构成要素见下表7-1。

表7-1 税收违法调查的构成要素

构成要素	内 涵
主体是税务机关	税务违法调查是一种依法执行的具体行政行为。因此,税务违法调查的主体必须是依法拥有调查权的各级税务机关(包括税务局、税务分局、税务所)以及按照国务院规定依法设立的并向社会公告的税务机构(省以下税务局稽查局)。
客体是有违法行为的纳税人、纳税担保人或者扣缴义务人	税务违法调查的客体须具备以下两个要件:(1)必须是纳税人、纳税担保人或者扣缴义务人;(2)必须有违法行为。 税务机关与被调查对象是一种行政法律关系,因此,税务机关以及税务机关的工作人员不能成为税务违法调查的客体。
以违反税收法律法规或规章为前提	只有当上述客体在违反相应税收法律法规或行政规章时,税务违法调查才可以启动。其中,法律法规和规章包括全国人大及其常委会颁布的税收法律、国务院颁布的行政法规以及财政部、税务总局的现行部门规章。税收违法行为包括作为违法以及不作为违法两种,例如,故意虚开增值税专用发票就是一种作为违法行为,纳税人不按时缴纳税款就是一种不作为违法行为。

最后值得注意的是,进行税务违法调查必须在纳税人、纳税担保人或扣缴义务人实施具体违法行为的情况下进行。如果只有违法的动机而没有实施具体的违法行为,税务机关不能对其进行税务违法调查。

第二节　税收违法调查的分类与实施

一、税收违法调查的分类

（一）对纳税人违反税务登记的调查

纳税人违反税务登记，是指纳税人未按照规定的期限申报办理税务登记、变更或者注销登记的，以及未按照规定将其全部银行账号向税务机关报告的行为。

根据税收征收管理法的规定，企业在外地设立的分支机构和从事生产、经营的场所，个体工商户和从事生产、经营的事业单位（以下统称从事生产、经营的纳税人）自领取营业执照之日起 30 日内，持有关证件，向税务机关申报办理税务登记。税务机关应当自收到申报之日起 30 日内审核并发给税务登记证件。从事生产、经营的纳税人以外的纳税人根据国务院规定的范围和办法办理税务登记。

税收征收管理法还规定，从事生产、经营的纳税人应当按照国家有关规定，持税务登记证件，在银行或者其他金融机构开立基本存款账户和其他存款账户，并将其全部账号向税务机关报告。纳税人未按照规定的期限申报办理税务登记、变更或者注销登记，未按照规定将其全部银行账号向税务机关报告的，税务机关应当向纳税人发出责令限期改正通知书。逾期不改正的，就是不履行法律关于税务登记的义务。

违法的主观方面是故意，即纳税人主观上具有违反税务登记的故意。

（二）对纳税人违反账簿凭证管理的调查

所谓纳税人违反账簿凭证管理，是指纳税人未按照规定设置、保管账簿或者保管记账凭证和有关资料，或者未按照规定将财务、会计制度或者财务、会计处理办法和会计核算软件报送税务机关备查，或者未按照规定安装、使用税控装置，或者损毁或者擅自改动税控装置。

根据税收征收管理法及其实施细则的规定，纳税人按照有关法律、行政法规和国务院财政、税务主管部门的规定设置账簿，根据合法、有效凭证记账，进行核算。从事生产、经营的纳税人应当自领取营业执照或者发生纳税义务之日起 15 日内，按照国家有关规定设置账簿。从事生产、经营的纳税人的财务、会计制度或者财务、会计处理办法和会计核算软件，应当报送税务机关备案。国家根据税收征收管理的需要，积极推广使用税控装置。纳税人应当按照规定安装、使用税控装置，不得损毁或者擅自改动税控装置。从事生产、经营的纳税人、扣缴义务人必须按照国务院财政、税务主管部门规定的保管期限保管账簿、记账凭证、完税凭证及其他有关资料。账簿、记账凭证、完税凭证及其他有关资料不得伪造、变造或者擅自损毁。

（三）对扣缴义务人违反账簿凭证管理的调查

所谓扣缴义务人违反账簿凭证管理，是指扣缴义务人未按照规定设置、保管代扣代缴、代收代缴税款账簿或者保管代扣代缴、代收代缴税款记账凭证及有关资料的行为。

（四）对纳税人、扣缴义务人违反纳税申报的调查

所谓纳税人、扣缴义务人违反纳税申报，是指纳税人未按照规定的期限办理纳税申报和报送纳税资料的，或者扣缴义务人未按照规定的期限向税务机关报送代扣代缴、代收代缴税款报告表和有关资料的行为。

（五）对逾期不缴或少缴应纳税款的调查

逾期不缴或少缴应纳税款的概念及其构成所谓逾期不缴或少缴应纳税款，是指纳税人、扣缴义务人在规定期限内不缴或者少缴应纳或者应解缴的税款，经税务机关责令限期缴纳，逾期仍未缴纳。

（六）对偷税的调查

纳税人采取伪造、变造、隐匿、擅自销毁账簿、记账凭证，或者在账簿上多列支出或者不列、少列收入，或者经税务机关通知申报而拒不申报或者进行虚假的纳税申报的手段，不缴或者少缴应纳税款的，是偷税。

（七）对逃避追缴欠税的调查

逃避追缴欠税的概念及其构成所谓逃避追缴欠税，是指纳税人欠缴应纳税款，采取转移或者隐匿财产的手段，妨碍税务机关追缴欠缴的税款的行为。

（八）对抗税的调查

抗税，是指以暴力、威胁方法拒不缴纳税款，情节轻微的行为。抗税的主体是自然人，不是企业。

（九）对骗取出口退税的调查

骗取出口退税，是指以假报出口或者其他欺骗手段，骗取国家出口退税款，数额不大的行为。

（十）对发票违法行为的调查

所谓发票违法行为，是指违反发票管理制度，伪造和非法印制、生产、买卖、转让、代开、不如实开具以及非法携带、邮寄、运输或者存放发票、发票监制章或者发票防伪专用品和其他违反发票管理规定，依法应受行政处罚的行为。《税收征管法》第七十一条规定，非法印制发票的，由税务机关销毁非法印制的发票，没收违法所得和作案工具，并处

1万元以上5万元以下的罚款;构成犯罪的,依法追究刑事责任。此外,《发票管理办法》对违反发票管理的行为做了具体的规定。

(十一)对金融机构违反税收征管行为的调查

金融机构违反税收征管行为,是指纳税人、扣缴义务人的开户银行或者其他金融机构拒绝接受税务机关依法检查纳税人、扣缴义务人存款账户,或者拒绝执行税务机关做出的冻结存款或者扣缴税款的决定,或者在接到税务机关的书面通知后帮助纳税人、扣缴义务人转移存款,造成税款流失的行为。

(十二)对阻挠税务检查的调查

阻挠税务检查是指纳税人、扣缴义务人逃避、拒绝或者以其他方式阻挠税务机关检查的行为。

二、税务稽查的实施

税务局稽查局专司偷税、逃避追缴欠税、骗税、抗税案件的查处,主要对涉嫌偷税(逃避缴纳税款)、逃避追缴欠税、骗税、抗税、虚开发票等税收违法行为的高风险纳税人实施税务稽查。稽查局具体职责由国家税务总局依照税收征管法及其实施细则有关规定确定。税务稽查以事实为根据,以法律为准绳,坚持公平、公开、公正、效率的原则。

(一)管辖

税务稽查人员应当依法为纳税人、扣缴义务人的商业秘密、个人隐私保密。纳税人、扣缴义务人的税收违法行为不属于保密范围。

税务稽查人员有回避情形的,应当回避。被查对象要求税务稽查人员回避的,或者税务稽查人员自己提出回避的,由稽查局局长依法决定是否回避。稽查局局长发现税务稽查人员有规定回避情形的,应当要求其回避。稽查局局长的回避,由所属税务局领导依法审查决定。

稽查局应当在所属税务局的征收管理范围内实施税务稽查。其他税收违法行为,由违法行为发生地或者发现地的稽查局查处。

税务稽查管辖有争议的,由争议各方本着有利于案件查处的原则逐级协商解决;不能协商一致的,报请共同的上级税务机关协调或者决定。

上级稽查局可以根据税收违法案件性质、复杂程度、查处难度以及社会影响等情况,组织查处或者直接查处管辖区域内发生的税收违法案件。

下级稽查局查处有困难的重大税收违法案件,可以报请上级稽查局查处。

(二)选案

稽查局应当通过多种渠道获取案源信息,集体研究,合理、准确地选择和确定稽查对象。选案部门负责稽查对象的选取,并对税收违法案件查处情况进行跟踪管理。

稽查局必须有计划地实施稽查,严格控制对纳税人、扣缴义务人的税务检查次数。

稽查局应当在年度终了前制订下一年度的稽查工作计划,经所属税务局领导批准后实施,并报上一级稽查局备案。

年度稽查工作计划中的税收专项检查内容,应当根据上级税务机关税收专项检查安排,结合工作实际确定。经所属税务局领导批准,年度稽查工作计划可以适当调整。

选案部门应当建立案源信息档案,对所获取的案源信息实行分类管理。案源信息主要包括:

(1) 财务指标、税收征管资料、稽查资料、情报交换和协查线索;
(2) 上级税务机关交办的税收违法案件;
(3) 上级税务机关安排的税收专项检查;
(4) 税务局相关部门移交的税收违法信息;
(5) 检举的涉税违法信息;
(6) 其他部门和单位转来的涉税违法信息;
(7) 社会公共信息;
(8) 其他相关信息。

国家税务总局和各级税务局在稽查局设立税收违法案件举报中心,负责受理单位和个人对税收违法行为的检举。

对单位和个人实名检举税收违法行为并经查实,为国家挽回税收损失的,根据其贡献大小,依照国家税务总局有关规定给予相应奖励。

选案部门对案源信息采取计算机分析、人工分析、人机结合分析等方法进行筛选,发现有税收违法嫌疑的,应当确定为待查对象。

待查对象确定后,选案部门填制《税务稽查立案审批表》,附有关资料,经稽查局局长批准后立案检查。

税务局相关部门移交的税收违法信息,稽查局经筛选未立案检查的,应当及时告知移交信息的部门;移交信息的部门仍然认为需要立案检查的,经所属税务局领导批准后,由稽查局立案检查。

经批准立案检查的,由选案部门制作《税务稽查任务通知书》,连同有关资料一并移交检查部门。选案部门应当建立案件管理台账,跟踪案件查处进展情况,并及时报告稽查局局长。

(三) 检查

检查部门接到《税务稽查任务通知书》后,应当及时安排人员实施检查。

检查人员实施检查前,应当查阅被查对象纳税档案,了解被查对象的生产经营情况、所属行业特点、财务会计制度、财务会计处理办法和会计核算软件,熟悉相关税收政策,确定相应的检查方法。

检查前,应当告知被查对象检查时间、需要准备的资料等,但预先通知有碍检查的除外。检查应当由两名以上检查人员共同实施,并向被查对象出示税务检查证和《税务检查通知书》。在检查中,税务局稽查局应当出示各自的税务检查证和《税务检查通知书》。

检查应当自实施检查之日起60日内完成;确需延长检查时间的,应当经稽查局局长批准。

实施检查时,依照法定权限和程序,可以采取实地检查、调取账簿资料、询问、查询存款账户或者储蓄存款、异地协查等方法。

调查取证时,不得违反法定程序收集证据材料;不得以偷拍、偷录、窃听等手段获取侵害他人合法权益的证据材料;不得以利诱、欺诈、胁迫、暴力等不正当手段获取证据材料。

调取账簿、记账凭证、报表和其他有关资料时,应当向被查对象出具《调取账簿资料通知书》,并填写《调取账簿资料清单》交其核对后签章确认。调取纳税人、扣缴义务人以前会计年度的账簿、记账凭证、报表和其他有关资料的,应当经所属税务局局长批准,并在3个月内完整退还;调取纳税人、扣缴义务人当年的账簿、记账凭证、报表和其他有关资料的,应当经所属设区的市、自治州以上税务局局长批准,并在30日内退还。

需要提取证据材料原件的,应当向当事人出具《提取证据专用收据》,由当事人核对后签章确认。对需要归还的证据材料原件,检查结束后应当及时归还,并履行相关签收手续。需要将已开具的发票调出查验时,应当向被查验的单位或者个人开具《发票换票证》;需要将空白发票调出查验时,应当向被查验的单位或者个人开具《调验空白发票收据》,经查无问题的,应当及时退还。

询问应当由两名以上检查人员实施。除在被查对象生产、经营场所询问外,应当向被询问人送达《询问通知书》。

当事人、证人可以采取书面或者口头方式陈述或者提供证言。当事人、证人口头陈述或者提供证言的,检查人员可以笔录、录音、录像。当事人、证人口头提出变更陈述或者证言的,检查人员应当就变更部分重新制作笔录,注明原因,由当事人、证人逐页签章、捺指印。当事人、证人变更书面陈述或者证言的,不退回原件。

检查人员实地调查取证时,可以制作现场笔录、勘验笔录,对实地检查情况予以记录或者说明。

需要异地调查取证的,可以发函委托相关稽查局调查取证;必要时可以派人参与受托地稽查局的调查取证。

查询从事生产、经营的纳税人、扣缴义务人存款账户的,应当经所属税务局局长批准,凭《检查存款账户许可证明》向相关银行或者其他金融机构查询。查询案件涉嫌人员储蓄存款的,应当经所属设区的市、自治州以上税务局局长批准,凭《检查存款账户许可证明》向相关银行或者其他金融机构查询。

检查从事生产、经营的纳税人以前纳税期的纳税情况时,发现纳税人有逃避纳税义务行为,并有明显转移、隐匿其应纳税的商品、货物以及其他财产或者应纳税收入迹象的,经所属税务局局长批准,可以依法采取税收保全措施。

稽查局采取税收保全措施时,应当向纳税人送达《税收保全措施决定书》,告知其采取税收保全措施的内容、理由及依据,并依法告知其申请行政复议和提起行政诉讼的权利。

采取冻结纳税人在开户银行或者其他金融机构的存款措施时,应当向纳税人开户银行或者其他金融机构送达《冻结存款通知书》,冻结其相当于应纳税款的存款。采取查封商品、货物或者其他财产措施时,应当填写《查封商品、货物或者其他财产清单》,由纳税人核对后签章;采取扣押纳税人商品、货物或者其他财产措施时,应当出具《扣押商品、货物或者其他财产专用收据》,由纳税人核对后签章。采取查封、扣押有产权证件的动产或者不动产措施时,应当依法向有关单位送达《税务协助执行通知书》,通知其在查封、扣押期间不再办理该动产或者不动产的过户手续。

解除税收保全措施时,应当向纳税人送达《解除税收保全措施通知书》,告知其解除税收保全措施的时间、内容和依据,并通知其在限定时间内办理解除税收保全措施的有关事宜:

(1) 采取冻结存款措施的,应当向冻结存款的纳税人开户银行或者其他金融机构送达《解除冻结存款通知书》,解除冻结。

(2) 采取查封商品、货物或者其他财产措施的,应当解除查封并收回《查封商品、货物或者其他财产清单》。

(3) 采取扣押商品、货物或者其他财产的,应当予以返还并收回《扣押商品、货物或者其他财产专用收据》。

税收保全措施涉及协助执行单位的,应当向协助执行单位送达《税务协助执行通知书》,通知解除税收保全措施相关事项。

表7-2 关于税收保全措施的相关处理

措　施	情　形
应当依法及时解除税收保全措施的	有下列情形之一的,稽查局应当依法及时解除税收保全措施: 1. 纳税人已按履行期限缴纳税款的; 2. 税收保全措施被复议机关决定撤销的; 3. 税收保全措施被人民法院裁决撤销的; 4. 其他法定应当解除税收保全措施的。
需要延长税收保全期限的	采取税收保全措施的期限一般不得超过6个月;查处重大税收违法案件中,有下列情形之一,需要延长税收保全期限的,应当逐级报请国家税务总局批准: 1. 案情复杂,在税收保全期限内确实难以查明案件事实的; 2. 被查对象转移、隐匿、销毁账簿、记账凭证或者其他证据材料的; 3. 被查对象拒不提供相关情况或者以其他方式拒绝、阻挠检查的; 4. 解除税收保全措施可能使纳税人转移、隐匿、损毁或者违法处置财产,从而导致税款无法追缴的。

检查结束时,应当根据《税务稽查工作底稿》及有关资料,制作《税务稽查报告》,由检查部门负责人审核。

经检查发现有税收违法事实的,《税务稽查报告》应当包括以下主要内容:

(1) 案件来源;

(2) 被查对象基本情况;

(3) 检查时间和检查所属期间;

(4) 检查方式、方法以及检查过程中采取的措施;

(5) 查明的税收违法事实及性质、手段;

(6) 被查对象是否有拒绝、阻挠检查的情形;

(7) 被查对象对调查事实的意见；
(8) 税务处理、处罚建议及依据；
(9) 其他应当说明的事项；
(10) 检查人员签名和报告时间。

经检查没有发现税收违法事实的，应当在《税务稽查报告》中说明检查内容、过程、事实情况。

检查完毕，检查部门应当将《税务稽查报告》《税务稽查工作底稿》及相关证据材料，在5个工作日内移交审理部门审理，并办理交接手续。

有下列情形之一，致使检查暂时无法进行的，检查部门可以填制《税收违法案件中止检查审批表》，附相关证据材料，经稽查局局长批准后，中止检查：

(1) 当事人被有关机关依法限制人身自由的；
(2) 账簿、记账凭证及有关资料被其他国家机关依法调取且尚未归还的；
(3) 法律、行政法规或者国家税务总局规定的其他可以中止检查的。

中止检查的情形消失后，应当及时填制《税收违法案件解除中止检查审批表》，经稽查局局长批准后，恢复检查。

有下列情形之一，致使检查确实无法进行的，检查部门可以填制《税收违法案件终结检查审批表》，附相关证据材料，移交审理部门审核，经稽查局局长批准后，终结检查：

(1) 被查对象死亡或者被依法宣告死亡或者依法注销，且无财产可抵缴税款或者无法定税收义务承担主体的；
(2) 被查对象税收违法行为均已超过法定追究期限的；
(3) 法律、行政法规或者国家税务总局规定的其他可以终结检查的。

（四）审理

审理部门接到检查部门移交的《税务稽查报告》及有关资料后，应当及时安排人员进行审理。

审理人员应当依据法律、行政法规、规章及其他规范性文件，对检查部门移交的《税务稽查报告》及相关材料进行逐项审核，提出书面审理意见，由审理部门负责人审核。

案情复杂的，稽查局应当集体审理；案情重大的，稽查局应当依照国家税务总局有关规定报请所属税务局集体审理。

对《税务稽查报告》及相关资料，审理人员应当着重审核以下内容：

(1) 被查对象是否准确；
(2) 税收违法事实是否清楚、证据是否充分、数据是否准确、资料是否齐全；
(3) 适用法律、行政法规、规章及其他规范性文件是否适当，定性是否正确；
(4) 是否符合法定程序；
(5) 是否超越或者滥用职权；
(6) 税务处理、处罚建议是否适当；
(7) 其他应当审核确认的事项或者问题。

审理部门接到检查部门移交的《税务稽查报告》及相关资料后,应当在 15 日内提出审理意见。

拟对被查对象或者其他涉税当事人做出税务行政处罚的,向其送达《税务行政处罚事项告知书》,告知其依法享有陈述、申辩及要求听证的权利。《税务行政处罚事项告知书》应当包括以下内容:

(1) 认定的税收违法事实和性质;
(2) 适用的法律、行政法规、规章及其他规范性文件;
(3) 拟做出的税务行政处罚;
(4) 当事人依法享有的权利;
(5) 告知书的文号、制作日期、税务机关名称及印章;
(6) 其他相关事项。

对被查对象或者其他涉税当事人的陈述、申辩意见,审理人员应当认真对待,提出判断意见。

对当事人口头陈述、申辩意见,审理人员应当制作《陈述申辩笔录》,如实记录,由陈述人、申辩人签章。

被查对象或者其他涉税当事人要求听证的,应当依法组织听证。听证主持人由审理人员担任。

《税务处理决定书》《税务行政处罚决定书》《不予税务行政处罚决定书》《税务稽查结论》引用的法律、行政法规、规章及其他规范性文件,应当注明文件全称、文号和有关条款。

《税务处理决定书》《税务行政处罚决定书》《不予税务行政处罚决定书》《税务稽查结论》经稽查局局长或者所属税务局领导批准后由执行部门送达执行。

表 7-3 不同决定书规定的主要内容

类 型	主要内容
《税务处理决定书》	1. 被查对象姓名或者名称及地址; 2. 检查范围和内容; 3. 税收违法事实及所属期间; 4. 处理决定及依据; 5. 税款金额、缴纳期限及地点; 6. 税款滞纳时间、滞纳金计算方法、缴纳期限及地点; 7. 告知被查对象不按期履行处理决定应当承担的责任; 8. 申请行政复议或者提起行政诉讼的途径和期限; 9. 处理决定的文号、制作日期、税务机关名称及印章。
《税务行政处罚决定书》	1. 被查对象或者其他涉税当事人姓名或者名称及地址; 2. 检查范围和内容; 3. 税收违法事实及所属期间; 4. 行政处罚种类和依据; 5. 行政处罚履行方式、期限和地点; 6. 告知当事人不按期履行行政处罚决定应当承担的责任; 7. 申请行政复议或者提起行政诉讼的途径和期限; 8. 行政处罚决定的文号、制作日期、税务机关名称及印章。

续 表

类 型	主要内容
《不予税务行政处罚决定书》	1. 被查对象或者其他涉税当事人姓名或者名称及地址; 2. 检查范围和内容; 3. 税收违法事实及所属期间; 4. 不予税务行政处罚的理由及依据; 5. 申请行政复议或者提起行政诉讼的途径和期限; 6. 不予行政处罚决定的文号、制作日期、税务机关名称及印章。
《税务稽查结论》	1. 被查对象姓名或者名称及地址; 2. 检查范围和内容; 3. 检查时间和检查所属期间; 4. 检查结论; 5. 结论的文号、制作日期、税务机关名称及印章。

税收违法行为涉嫌犯罪的,填制《涉嫌犯罪案件移送书》,经所属税务局局长批准后,依法移送公安机关,并附送以下资料:

(1)《涉嫌犯罪案件情况的调查报告》;

(2)《税务处理决定书》《税务行政处罚决定书》的复制件;

(3)涉嫌犯罪的主要证据材料复制件;

(4)补缴应纳税款、缴纳滞纳金、已受行政处罚情况明细表及凭据复制件。

(五)执行

执行部门接到《税务处理决定书》《税务行政处罚决定书》《不予税务行政处罚决定书》《税务稽查结论》等税务文书后,应当依法及时将税务文书送达被执行人。执行部门在送达相关税务文书时,应当及时通过税收征管信息系统将税收违法案件查处情况通报税源管理部门。

被执行人未按照《税务处理决定书》确定的期限缴纳或者解缴税款的,稽查局经所属税务局局长批准,可以依法采取强制执行措施,或者依法申请人民法院强制执行。

经稽查局确认的纳税担保人未按照确定的期限缴纳所担保的税款、滞纳金的,责令其限期缴纳;逾期仍未缴纳的,经所属税务局局长批准,可以依法采取强制执行措施。

被执行人对《税务行政处罚决定书》确定的行政处罚事项,逾期不申请行政复议也不向人民法院起诉、又不履行的,稽查局经所属税务局局长批准,可以依法采取强制执行措施,或者依法申请人民法院强制执行。

稽查局对被执行人采取强制执行措施时,应当向被执行人送达《税收强制执行决定书》,告知其采取强制执行措施的内容、理由及依据,并告知其依法申请行政复议或者提出行政诉讼的权利。

稽查局采取从被执行人开户银行或者其他金融机构的存款中扣缴税款、滞纳金、罚款措施时,应当向被执行人开户银行或者其他金融机构送达《扣缴税收款项通知书》,依法扣缴税款、滞纳金、罚款,并及时将有关完税凭证送交被执行人。

拍卖、变卖被执行人商品、货物或者其他财产,以拍卖、变卖所得抵缴税款、滞纳金、罚款的,在拍卖、变卖前应当依法进行查封、扣押。

稽查局拍卖、变卖被执行人商品、货物或者其他财产前,应当拟制《拍卖/变卖抵税财物决定书》,经所属税务局局长批准后送达被执行人,予以拍卖或者变卖。

拍卖或者变卖实现后,应当在结算并收取价款后3个工作日内,办理税款、滞纳金、罚款的入库手续,并拟制《拍卖/变卖结果通知书》,附《拍卖/变卖扣押、查封的商品、货物或者其他财产清单》,经稽查局局长审核后,送达被执行人。

以拍卖或者变卖所得抵缴税款、滞纳金、罚款和拍卖、变卖费用后,尚有剩余的财产或者无法进行拍卖、变卖的财产的,应当拟制《返还商品、货物或者其他财产通知书》,附《返还商品、货物或者其他财产清单》,送达被执行人,并自办理税款、滞纳金、罚款入库手续之日起3个工作日内退还被执行人。

执行过程中发现涉嫌犯罪的,执行部门应当及时将执行情况通知审理部门,并提出向公安机关移送的建议。

执行过程中发现有下列情形之一的,由执行部门填制《税收违法案件中止执行审批表》,附有关证据材料,经稽查局局长批准后,中止执行:

(1)被执行人死亡或者被依法宣告死亡,尚未确定可执行财产的;

(2)被执行人进入破产清算程序尚未终结的;

(3)可执行财产被司法机关或者其他国家机关依法查封、扣押、冻结,致使执行暂时无法进行的。

(4)法律、行政法规和国家税务总局规定其他可以中止执行的。

中止执行情形消失后,应当及时填制《税收违法案件解除中止执行审批表》,经稽查局局长批准后,恢复执行。

(六)移送

1. 移送情形

税务机关在依法查处违法行为过程中,发现违法事实涉及的金额、违法事实的情节、违法事实造成的后果等,根据刑法关于破坏社会主义市场经济秩序罪、妨害社会管理秩序罪等罪的规定和最高人民法院、最高人民检察院关于破坏社会主义市场经济秩序罪、妨害社会管理秩序罪等罪的司法解释以及最高人民检察院、公安部关于经济犯罪案件的追诉标准等规定,涉嫌构成犯罪,依法需要追究刑事责任的,必须依照《行政执法机关移送涉嫌犯罪案件的规定》向公安机关移送。

2. 移送的主要流程

税务机关对应当向公安机关移送的涉嫌犯罪案件,应当立即指定两名或者两名以上行政执法人员组成专案组专门负责,核实情况后提出移送涉嫌犯罪案件的书面报告,报经本机关正职负责人或者主持工作的负责人审批。

行政执法机关正职负责人或者主持工作的负责人应当自接到报告之日起三日内作

出批准移送或者不批准移送的决定。决定批准的,应当在24小时内向同级公安机关移送;决定不批准的,应当将不予批准的理由记录在案。

公安机关对行政执法机关移送的涉嫌犯罪案件,应当在涉嫌犯罪案件移送书的回执上签字;其中,不属于本机关管辖的,应当在24小时内转送有管辖权的机关,并书面告知移送案件的税务机关。

公安机关应当自接受税务机关移送的涉嫌犯罪案件之日起3日内,依照刑法、刑事诉讼法以及最高人民法院、最高人民检察院关于立案标准和公安部关于公安机关办理刑事案件程序的规定,对所移送的案件进行审查。认为有犯罪事实,需要追究刑事责任,依法决定立案的,应当书面通知移送案件的税务机关;认为没有犯罪事实,或者犯罪事实显著轻微,不需要追究刑事责任,依法不予立案的,应当说明理由,并书面通知移送案件的税务机关,相应退回案卷材料。

税务机关接到公安机关不予立案的通知书后,认为依法应当由公安机关决定立案的,可以自接到不予立案通知书之日起3日内,提请作出不予立案决定的公安机关复议,也可以建议人民检察院依法进行立案监督。

做出不予立案决定的公安机关应当自收到税务机关提请复议的文件之日起3日内做出立案或者不予立案的决定,并书面通知移送案件的行政执法机关。移送案件的行政执法机关对公安机关不予立案的复议决定仍有异议的,应当自收到复议决定通知书之日起3日内建议人民检察院依法进行立案监督。

公安机关应当接受人民检察院依法进行的立案监督。

税务机关对公安机关决定不予立案的案件,应当依法作出处理;其中,依照有关法律、法规或者规章的规定应当给予行政处罚的,应当依法实施行政处罚。

行政执法机关对应当向公安机关移送的涉嫌犯罪案件,不得以行政处罚代替移送。

行政执法机关向公安机关移送涉嫌犯罪案件前已经做出的警告,责令停产停业,暂扣或者吊销许可证、暂扣或者吊销执照的行政处罚决定,不停止执行。

依照行政处罚法的规定,行政执法机关向公安机关移送涉嫌犯罪案件前,已经依法给予当事人罚款的,人民法院判处罚金时,依法折抵相应罚金。

3. 对证据的处理

税务机关在查处违法行为过程中,必须妥善保存所收集的与违法行为有关的证据。

税务机关对查获的涉案物品,应当如实填写涉案物品清单,并按照国家有关规定予以处理。对易腐烂、变质等不宜或者不易保管的涉案物品,应当采取必要措施,留取证据;对需要进行检验、鉴定的涉案物品,应当由法定检验、鉴定机构进行检验、鉴定,并出具检验报告或者鉴定结论。

4. 移送需要的材料

行政执法机关向公安机关移送涉嫌犯罪案件,应当附有下列材料:

(1)涉嫌犯罪案件移送书;

(2)涉嫌犯罪案件情况的调查报告;

(3)涉案物品清单;

(4) 有关检验报告或者鉴定结论；

(5) 其他有关涉嫌犯罪的材料。

行政执法机关对公安机关决定立案的案件，应当自接到立案通知书之日起3日内将涉案物品以及与案件有关的其他材料移交公安机关，并办结交接手续；法律、行政法规另有规定的，依照其规定。

5. 监督及处分

税务机关移送涉嫌犯罪案件，应当接受人民检察院和监察机关依法实施的监督。

任何单位和个人对税务机关违反规定的行为，应当向公安机关移送涉嫌犯罪案件而不移送的，有权向人民检察院、监察机关或者上级税务机关举报。

税务机关隐匿、私分、销毁涉案物品的，由本级或者上级人民政府，或者实行垂直管理的上级税务机关，对其正职负责人根据情节轻重，给予降级以上的行政处分；构成犯罪的，依法追究刑事责任。直接负责的主管人员和其他直接责任人员，比照以上规定给予行政处分；构成犯罪的，依法追究刑事责任。

税务机关逾期不将案件移送公安机关的，由本级或者上级人民政府，或者实行垂直管理的上级税务机关，责令限期移送，并对其正职负责人或者主持工作的负责人根据情节轻重，给予记过以上的行政处分；构成犯罪的，依法追究刑事责任。

税务机关对应当向公安机关移送的案件不移送，或者以行政处罚代替移送的，由本级或者上级人民政府，或者实行垂直管理的上级税务机关，责令改正，给予通报；拒不改正的，对其正职负责人或者主持工作的负责人给予记过以上的行政处分；构成犯罪的，依法追究刑事责任。直接负责的主管人员和其他直接责任人员，分别比照前两款的规定给予行政处分；构成犯罪的，依法追究刑事责任。

公安机关不接受税务机关移送的涉嫌犯罪案件，或者逾期不作出立案或者不予立案的决定的，除由人民检察院依法实施立案监督外，由本级或者上级人民政府责令改正，对其正职负责人根据情节轻重，给予记过以上的行政处分；构成犯罪的，依法追究刑事责任。直接负责的主管人员和其他直接责任人员，比照前款的规定给予行政处分；构成犯罪的，依法追究刑事责任。

税务机关在依法查处违法行为过程中，发现贪污贿赂、国家工作人员渎职或者国家机关工作人员利用职权侵犯公民人身权利和民主权利等违法行为，涉嫌构成犯罪的，应当按规定及时将案件移送人民检察院。

（七）案卷管理

《税务处理决定书》《税务行政处罚决定书》《不予行政处罚决定书》《税务稽查结论》执行完毕，或者依照《税收征管法》第四十五条进行终结检查或者依照第七十一条终结执行的，审理部门应当在60日内收集稽查各环节与案件有关的全部资料，整理成税务稽查案卷，归档保管。

税务稽查案卷应当按照被查对象分别立卷，统一编号，做到一案一卷、目录清晰、资料齐全、分类规范、装订整齐。

税务稽查案卷分别立为正卷和副卷。正卷主要列入各类证据材料、税务文书等可以对外公开的稽查材料;副卷主要列入检举及奖励材料、案件讨论记录、法定秘密材料等不宜对外公开的稽查材料。如无不宜公开的内容,可以不立副卷。副卷作为密卷管理。

税务稽查案卷按照以下情况确定保管期限:

(1) 偷税、逃避追缴欠税、骗税、抗税案件,以及涉嫌犯罪案件,案卷保管期限为永久;

(2) 一般行政处罚的税收违法案件,案卷保管期限为30年;

(3) 前两项规定以外的其他税收违法案件,案卷保管期限为10年。

税务稽查案卷应当在立卷次年6月30日前移交所属税务局档案管理部门保管;稽查局与所属税务局异址办公的,可以适当延迟移交,但延迟时间最多不超过2年。

税务机关根据管辖的规定,在自己的权限范围内,受理涉及违法行为的线索和材料,包括通过税务机关的计算机系统选案发现的、有关单位移送的、群众举报的、当事人自述或者申诉的以及国际情报交换获取的。然后对这些线索和材料进行初步审查,了解所反映的问题是否存在。经过初步审查认为有税务违法事实需要给予行政处罚的,应当立案;认为没有税务违法事实或者税务违法事实显著轻微的,不需要给予行政处罚的,不予立案。

立案的违法案件,税务机关都要派员进行调查,做到事实清楚,证据确凿。为了便于工作,也为了防止舞弊,要求进行调查的税务人员不得少于两人,调查开始时,调查人员必须表明身份——出示税务检查证和税务检查通知书,然后按照征管法授予的职权进行调查。调查取证时可以记录、录音、录像、照相和复制。同时,对于涉及国家秘密、商业秘密和个人隐私的有责任替被调查人保密。对于能够证实当事人有税务违法行为或者无税务违法行为,以及税务违法行为情节的轻重的各种证据均应收集,要特别注意听取当事人的陈述和辩解,当事人有拒绝回答的权利。

税务违法案件调查终结,调查人员应当写出调查报告。这个报告的内容包括:立案依据;违法事实及性质;当事人的法律责任;当事人的态度及意见;处罚意见及处罚依据,以及调查人签名和报告时间等。同时,对于符合法定听证条件的案件,应当告知当事人有要求听证的权利。

这一程序的设立目的在于确保案件查处的质量,防止征纳双方之间的舞弊。案件审理人员在接到调查人员的调查报告后,要从以下几个方面审理把关:一是其所办案件是否应属其管辖;二是当事人的违法事实是否清楚,证据是否充分;三是对案件的定性是否准确,适用法律、法规、规章是否准确,量罚是否适当,程序是否合法以及案件涉及的其他重要问题。

当事人自收到税务机关的行政处罚决定后,应当在规定的期限内履行。

第三节 税收违法调查的责任认定

根据税收违法调查的结果,中国的法律法规根据违法情况的程度不同,制定了相应的责任认定规定。具体的责任分类、违法行为的法律责任如下：

一、税务违法责任的分类

对于税收违法责任，本节分行政违法责任认定、税务行政处罚的类型和刑事违法责任的分类分别进行阐述。具体如下。

（一）行政违法责任认定的分类

根据税务机关调查结果，对当事人的责任认定进行如下划分：

1. 不予税务行政处罚和从轻、减轻行政处罚

根据《税收征管法》第八十六条的规定，违反税收法律、行政法规应当给予行政处罚的行为，在五年内未被发现的，不再给予行政处罚。而根据2017年1月1日国家税务总局制定实施的《税务行政处罚裁量权行使规则》规定，列举了不予处罚和从轻、减轻处罚的规定。

表7-4 不予处罚和从轻、减轻处罚的规定

类别	列举的情形
不予行政处罚的情形	1. 违法行为轻微并及时纠正，没有造成危害后果的； 2. 不满十四周岁的人有违法行为的； 3. 精神病人在不能辨认或者不能控制自己行为时有违法行为的； 4. 其他法律规定不予行政处罚的。
应当依法从轻或者减轻行政处罚的情形	1. 主动消除或者减轻违法行为危害后果的； 2. 受他人胁迫有违法行为的； 3. 配合税务机关查处违法行为有立功表现的； 4. 其他依法应当从轻或者减轻行政处罚的。

2. 给予税务行政处罚

（1）财产罚。财产罚是指税务机关依法剥夺行政违法人财产权利的一种处罚。包括罚款、没收违法所得。

如《税收征管法》第五章法律责任第六十条至七十四条中，针对违法情节的轻重，对罚款数额及罚款幅度进行了详细界定。

《税收征管法》第七十一条规定，非法印制发票的，由税务机关销毁非法印制的发票，没收违法所得和作案工具，并处以一万元以上五万元以下的罚款。

《税收征管法实施细则》第九十三条规定，为纳税人、扣缴义务人非法提供银行账户、发票、证明或者其他方便，导致未缴、少缴税款或者骗取国家出口退税款的，税务机关除没收其违法所得外，可以处未缴、少缴或者骗取的税款一倍以下的罚款。没收非法所得、没收非法财产是用法律形式剥夺违法获利，以法律的形式增大违法成本，使违法者无利可图，从而起到遏制违法行为，对违法行为给予制裁的措施。

"财产罚"通过依法对有经济收入的公民、有固定资产的法人或者组织等行政违法者，依法剥夺财产权利的处罚，使税收违法行为的获利目的受到打击，通过罚款、没收非

法所得、没收非法财产等手段,对违法者进行处罚和制裁,是一种适用范围比较广,极易奏效的行政处罚。

(2)行为罚。行为罚是税务机关对违反行政法律规范的纳税人、扣缴义务人所采取的限制或者剥夺特定行为能力的制裁措施,是一种较严厉的行政处罚。税务行为罚的主要表现形式是停止出口退税权以及吊销税务行政许可证件。

《税收征管法》及其实施细则规定,税务部门有行使责令限期改正、提请吊销营业执照的权力。《税收征管法》第六十条规定,纳税人不办理税务登记的,由税务机关责令限期改正;逾期不改正的,经税务机关提请,由市场监管部门吊销其营业执照。因为纳税人不办理税务登记,将会扰乱税收征管,造成国家税款流失。在税务机关责令限期改正,逾期不改正的情况下,由税务机关提请吊销其营业执照,使其失去从事某项生产经营活动的资格,使其违法经营在行政能力罚下得以中止。

税务机关做出的吊销营业执照的这一提请是一种实质性提请,市场监管部门接到提请后必须吊销行政相对人的营业执照。

(二)税务行政处罚的分类

税务行政处罚的种类包括:罚款、没收违法所得和没收非法财物、停止出口退税权以及其他税务行政处罚。这里需要注意,有几种方式不是税务行政处罚,但与税务行政处罚紧密关联。

其一,税务机关做出的责令限期改正。责令限期整改是一种行政命令,不同于警告,不是税务行政处罚。行政机关实施行政处罚时,应当责令当事人改正或者限期改正违法行为。即税务行政处罚与税务机关责令限期改正是从不同的角度针对同一税务行政违法行为一同作出的。二者的区别在于:

(1)形式不同:税务行政处罚主要有上述四种形式;责令限期改正形式包括责令停止违法行为、责令补正、责令限期拆除或限期治理等。

(2)内容不同:税务行政处罚是一种制裁,是对有税收违法行为人财产权利的一种限制或剥夺。责令限期改正是对税务违法行为的后果及其行为本身的纠正,要么停止违法行为,要么消除违法行为的后果。

其二,税务机关做出的收缴或者停售发票行为。收缴或者停售发票是一种执行惩罚性质的间接强制执行措施,不是税务行政处罚。根据税收征管法的规定,当事人有违法行为,税务机关依法对当事人做出处理,当事人拒不接受税务机关的处理的,税务机关有权收缴或停售发票。即这一措施属于税务机关以间接的方式强制当事人履行税务处理内容的重要手段,而不是税务机关对税务违法行为的行政处罚。

另外,还有一些其他方式也不属于行政处罚的类型。税务机关依法做出的其他一些税务具体行政行为,如通知有关部门阻止出境、取消一般纳税人资格、停止抵扣等,均不属于税务行政处罚。

(三)刑事违法责任的分类

对于税务违法行为的刑罚,分为主刑和附加刑。

具体的主刑,又分为:(1) 管制;(2) 拘役;(3) 有期徒刑;(4) 无期徒刑;(5) 死刑。具体的附加刑,又分为:(1) 罚金;(2) 剥夺政治权利;(3) 没收财产。此外还有适用于犯罪的外国人的驱逐出境。附加刑也可以独立适用。

二、税务行政违法行为的法律责任

税务行政违法行为的法律责任包括以下类型:

(一) 纳税人违反税务登记的法律责任

纳税人未按规定办理税务登记的,由税务机关责令限期改正,可以处2千元以下的罚款;情节严重的,处2千元以上1万元以下的罚款。

(二) 违反账簿、凭证管理的法律责任

根据《税收征管法》的规定,违反账簿凭证管理的,可以处2千元以下的罚款;情节严重的,处以2千元以上1万元以下的罚款。

(三) 扣缴义务人违规的法律责任

根据《税收征管法》的规定,扣缴义务人违反账簿凭证管理的,可以处2千元以下的罚款;情节严重的,处2千元以上5千元以下的罚款。

(四) 纳税人、扣缴义务人违反纳税申报的法律责任

《税收征管法》规定,纳税人、扣缴义务人违反纳税申报的,由税务机关责令限期改正,可以处2千元以下罚款;情节严重的,可以处2千元以上1万元以下的罚款。

(五) 逾期不缴或少缴税款的法律责任

纳税人、扣缴义务人逾期不缴或少缴税款的,税务机关除依照《税收征管法》第四十条的规定采取强制执行措施追缴其不缴或者少缴的税款外,可以处不缴或者少缴的税款50%以上5倍以下的罚款。

(六) 偷税的法律责任

纳税人伪造、变造、隐匿、擅自销毁账簿、记账凭证,或者在账簿上多列支出或者不列、少列收入,或者经税务机关通知申报而拒不申报或者进行虚假的纳税申报,不缴或者少缴应纳税款的,是偷税。对纳税人偷税的,由税务机关追缴其不缴或者少缴的税款、滞纳金,并处不缴或者少缴的税款50%以上5倍以下的罚款;构成犯罪的,依法追究刑事责任。

扣缴义务人采取前述所列手段,不缴或者少缴已扣、已收税款,由税务机关追缴其不缴或者少缴的税款、滞纳金,并处不缴或者少缴的税款50%以上5倍以下的罚款;构成犯罪的,依法追究刑事责任。

(七)逃避追缴欠税的法律责任

纳税人逃避追缴欠税,由税务机关追缴欠缴的税款、滞纳金,并处欠缴税款50%以上5倍以下的罚款;构成犯罪的,依法追究刑事责任。

(八)抗税的法律责任

抗税的主体是自然人。抗税情节轻微,未构成犯罪的,由税务机关追缴其拒缴的税款、滞纳金,并处拒缴税款1倍以上5倍以下的罚款。

(九)骗取出口退税的法律责任

骗取出口退税款,数额不大,未构成犯罪的,由税务机关追缴其骗取的税款,并处骗取税款1倍以上5倍以下的罚款;构成犯罪的,依法追究刑事责任。

(十)发票违法行为的法律责任

根据《发票管理办法》的规定,对发票违法行为的处罚如下:

(1)对于未按照规定印刷发票或者生产发票防伪专用品的;未按照规定领购、开具、取得、保管发票的;未按照规定接受税务机关检查的,由税务机关责令限期改正,没收非法所得,可以并处1万元以下的罚款,有前述所列两种或者两种以上行为的,可以分别处罚。

(2)对非法携带、邮寄、运输或者存放空白发票的,由税务机关收缴发票,没收非法所得,可以并处1万元以下的罚款。

(3)私自印制、伪造变造、倒买倒卖发票,私自制作发票监印章、发票防伪专用品的,由税务机关依法予以查封、扣押或者销毁,没收非法所得和作案工具,可以并处1万元以上5万元以下的罚款;构成犯罪的,依法追究刑事责任。

(4)违反发票管理法规,导致其他单位或者个人未缴、少缴或者骗取税款的,由税务机关没收非法所得,可以并处未缴、少缴或者骗取的税款一倍以下的罚款。

(十一)金融机构违反税收征管的法律责任

金融机构违反税收征管的,由税务机关处10万元以上50万元以下的罚款,对直接负责的主管人员和其他直接责任人员处1千元以上1万元以下的罚款。

(十二)阻挠税务检查的法律责任

阻挠税务检查的,由税务机关责令改正,可以处1万元以下的罚款;情节严重的,处1万元以上5万元以下的罚款。

(十三)税务人员不依法行政的法律责任

税务人员与纳税人、扣缴义务人勾结,唆使或者协助纳税人、扣缴义务人有违反《税收征管法》第六十三条、第六十五条、第六十六条规定的行为,构成犯罪的,依法追究刑事责任;尚不构成犯罪的,依法给予行政处分。

税务人员私分扣押、查封的商品、货物或者其他财产,情节严重,构成犯罪的,依法追究刑事责任;尚不构成犯罪的,依法给予行政处分。

(十四)违反税务代理的法律责任

税务代理人违反税收法律、行政法规,造成纳税人未缴或者少缴税款的,除由纳税人缴纳或者补缴应纳税款、滞纳金外,对税务代理人处纳税人未缴或者少缴税款50%以上3倍以下的罚款。

三、危害税收征管犯罪的法律责任

(一)偷税的法律责任

纳税人采取欺骗、隐瞒手段进行虚假纳税申报或者不申报,逃避缴纳税款数额较大并且占应纳税额10%以上的,处3年以下有期徒刑或者拘役,并处罚金;数额巨大并且占应纳税额30%以上的,处3年以上7年以下有期徒刑,并处罚金。扣缴义务人采取以上所列手段,不缴或者少缴已扣、已收税款,数额较大的,依照对应的规定处罚。

对多次实施前两款行为,未经处理的,按照累计数额计算。

有第一款行为,经税务机关依法下达追缴通知后,补缴应纳税款,缴纳滞纳金,已受行政处罚的,不予追究刑事责任;但是,5年内因逃避缴纳税款受过刑事处罚或者被税务机关给予2次以上行政处罚的除外。

(二)逃避追缴欠税的法律责任

纳税人欠缴应纳税款,采取转移或者隐匿财产的手段,致使税务机关无法追缴欠缴的税款,数额在1万元以上不满10万元的,处3年以下有期徒刑或者拘役,并处或者单处欠缴税款1倍以上5倍以下罚金;数额在10万元以上的,处3年以上7年以下有期徒刑,并处欠缴税款1倍以上5倍以下罚金。

(三)骗取出口退税的法律责任

以假报出口或者其他欺骗手段,骗取国家出口退税款,数额较大的,处5年以下有期徒刑或者拘役,并处骗取税款1倍以上5倍以下罚金;数额巨大或者有其他严重情节的,处5年以上10年以下有期徒刑,并处骗取税款1倍以上5倍以下罚金;数额特别巨大或者有其他特别严重情节的,处10年以上有期徒刑或者无期徒刑,并处骗取税款1倍以上5倍以下罚金或者没收财产。纳税人缴纳税款后,采取以上规定的欺骗方法,骗取所缴纳的税款的,依照《刑法》第二百零一条的规定定罪处罚;骗取税款超过所缴纳的税款部分,依照对应的规定处罚。

(四)抗税的法律责任

以暴力、威胁方法拒不缴纳税款的,处3年以下有期徒刑或者拘役,并处拒缴税款1倍以上5倍以下罚金;情节严重的,处3年以上7年以下有期徒刑,并处拒缴税款1倍以上5倍以下罚金。

(五)非法印制发票的法律责任

伪造或者出售伪造的增值税专用发票的,处3年以下有期徒刑、拘役或者管制,并处2万元以上20万元以下罚金;数量较大或者有其他严重情节的,处3年以上10年以下有期徒刑,并处5万元以上50万元以下罚金;数量巨大或者有其他特别严重情节的,处10年以上有期徒刑或者无期徒刑,并处5万元以上50万元以下罚金或者没收财产。

单位犯本条规定之罪的,对单位判处罚金,并对其直接负责的主管人员和其他直接责任人员,处3年以下有期徒刑、拘役或者管制;数量较大或者有其他严重情节的,处3年以上10年以下有期徒刑;数量巨大或者有其他特别严重情节的,处10年以上有期徒刑或者无期徒刑。

伪造、擅自制造或者出售伪造、擅自制造的可以用于骗取出口退税、抵扣税款的其他发票的,处3年以下有期徒刑、拘役或者管制,并处2万元以上20万元以下罚金;数量巨大的,处3年以上7年以下有期徒刑,并处5万元以上50万元以下罚金;数量特别巨大的,处7年以上有期徒刑,并处5万元以上50万元以下罚金或者没收财产。

伪造、擅自制造或者出售伪造、擅自制造的前款规定以外的其他发票的,处2年以下有期徒刑、拘役或者管制,并处或者单处1万元以上5万元以下罚金;情节严重的,处2年以上7年以下有期徒刑,并处5万元以上50万元以下罚金。

(六)渎职行为的法律责任

税务机关的工作人员徇私舞弊,不征或者少征应征税款,致使国家税收遭受重大损失的,处5年以下有期徒刑或者拘役;造成特别重大损失的,处5年以上有期徒刑。

税务机关的工作人员违反法律、行政法规的规定,在办理发售发票、抵扣税款、出口退税工作中,徇私舞弊,致使国家利益遭受重大损失的,处5年以下有期徒刑或者拘役;致使国家利益遭受特别重大损失的,处5年以上有期徒刑。

[延伸阅读]

案例:某食品公司隐匿收入偷税案

一、案件背景情况

某省税务局接到邻省稽查局转来举报信,举报某食品有限公司(以下简称A公司)涉嫌巨额偷税。

纳税人基本情况:A公司主要生产经营品牌调料、火锅底料,近两年开发出多种规格型号的调味品、小食品、肉食品、蔬菜制品、非酒精饮料等产品。公司下设行政、生产、财务、配送、销售、研发等部门。销售部下设四个办事处,分片负责国内三十多个销售点的经销业务。

二、检查过程与检查方法

(一)检查预案

检查组调阅了A公司有关纳税申报资料,排查出有价值的案件线索。

1. A公司税负偏低

调味品企业成长性强、市场广阔,且A公司创立了自己的品牌,品牌效益突出,产品覆盖面广。公司成立3年多时间里,资产规模扩大到1 500多万。近5年A公司综合税负率却在2%左右,各年末均无留抵进项税额。

2. 纳税申报存在疑点

A公司增值税纳税申报表及其附表均申报的是开具发票(包括增值税专用发票和普通发票)的销售收入,没有申报未开销售发票的销售收入,这与一般情况不符。因为A公司产品销售对象主要是超市或私营企业、个体批发商等,相当一部分经销对象不需要发票,应该有未开发票的销售收入存在。

于是,检查组明确了检查方向与手段,决定先派人到A公司实地调查,掌握企业机构分布情况,然后突击调账检查,并明确检查重点是财务部、销售部、生产车间及保管配送中心等部门,检查资料以账簿凭证等书证为主,对电子数据要求复制存储并打印。

检查人员共分三组实施检查:

第一小组检查财务室,重点提取财务数据,用移动硬盘现场拷贝电脑数据库;

第二小组检查销售部,重点收集客户档案资料、销售统计报表、业绩考核表等资料;

第三小组检查生产车间和保管配送中心,重点检查生产记录、产成品库存,看是否账实相符。

(二)具体检查方法

1. 突击检查,调查陷入困境

检查组按计划对A公司实施突击检查。公司对税务检查积极配合,没有发现正常会计核算资料以外的涉案书证、物证。检查组调取了账簿凭证,分类统计分析产品、包装、材料购进数据,另梳理了银行账户资料、管理记录、生产材料等资料。

对包装物与产成品的统计分析发现:

(1)包装袋购进量大、规格复杂,无法准确统计。

A公司有38种规格的常用小型包装,购进包装的计量单位有件、箱、斤、袋、个等,个别购进发票没有数量、只有金额,会计账簿只核算大类,没有分品种、分规格核算,记账不明晰;

(2)包装用量与成品计量单位对应关系复杂,难以从包装用量推算产品出厂情况。

A公司成品出入库与销售结转均以"件"为单位,不同系列产品每一大件内又有不同规格、不同数量的小包装。如火锅底料产品有168g、200g、330g、400g等系列型号,从包装数量上无法精确统计和定量分析,因此要从账务核算上直接发现问题有一定的难度。

2. 扩大调查,发现重要线索

为了打破僵局,检查人员决定到超市、集贸市场收集A公司不同品名、不同规格和型号的调味产品,与账簿记录的产品包装品名、型号、规格等进行比对分析。终于,检查人员在一个小包装袋上发现该公司除在税务机关登记的生产地址、电话外,另有一个销售部电话。

检查组分析认为,这个销售部很可能是企业的核心总部或其账外经营的销售核算地。于是,检查人员从发现的销售部电话号码入手,到电信部门查询电话使用人登记信息,发现该电话号码是以个人名字登记的电话,地址在某某路16号。检查人员到某某路16号,通过与小区物管联系,找出了电话号码所在的大楼及楼层门牌号,并到现场调查销售部办公室。

检查组对销售部实施突击检查。当稽查人员突然现身A公司销售部并出示检查手续和证件依法展开调查时,现场气氛骤然紧张。公司员工神情慌张,有的急忙收拾资料、关闭电脑,回话支支吾吾。

检查人员从现场一部电脑中发现A公司一批商品出入库统计和各片区市场营销布局、销售业绩考核等重要数据,当即对相关数据进行打印并交当事人签字盖章,固定电脑数据资料,并对各办公室的涉税资料进行仔细收集和归类。

检查人员用从该销售部电脑中提取的各销售片区收入业绩考核的统计数据,与会计账簿记载的收入数进行比对,发现该销售部的销售统计数明显大于财务的记账数,判断A公司可能有隐瞒销售收入的情况。但从该销售部除了取得上述销售统计数外,没有提取到其他账外涉税凭证。

同时,检查人员依法对A公司老总邓某进行询问调查,但始终没有取得突破。在此期间,邓某四处网罗关系说情,希望"尽最大努力让公司自己纠正,尽可能在税务机关处理不移交司法机关"。

3. 内查外调,取得关键证据

面对上述情况,为取得案件的突破,市税务局领导根据案件进展,将检查组人员分为两组,一组继续从销售部收集的经营资料入手,重点查找整理违法线索;另外一组从购货方入手收集其隐匿收入的证据。检查人员在该公司客户群中选出一批购货商,从购货方逆向调查该公司的商品流、资金流,收集销售发票、购销合同、银行凭证等涉税资料。

经过努力,在上述购货商提供的货款支付凭证中,发现几张银行转账支付凭证回单,收款方开户银行是某农行分理处,收款单位是A公司,但这个账户账号不是A公司登记注册的结算银行账户账号,说明A公司还另有一条资金流渠道。

检查人员当即开具"税务机关检查银行存款许可证明",从银行查明这就是A公司的账户。该账户从开设以来,发生大量资金往来,从该账户的银行原始凭证中可看出,许多销售货款被汇入该账户。A公司偷税违法事实浮出水面。

检查人员依法再次对A公司老总邓某进行调查询问。在铁的事实面前,邓某经过长时间的复杂思想斗争,终于如实交代了偷税违法事实,并通知家属将隐匿于账外的涉税资料交出,至此,该偷税案案情已水落石出。

4. 发起协查,违法事实

经过两个多月的系统归类整理,检查组向购货商所在地税务局发出协查,对购货商与A公司的资金往来、货物往来、购销合同等进行认定,固定关联证据,确认违法事实。

三、案件总结分析

(一)查处本案的认识及体会

A公司偷税案是一起隐蔽性较强的案件,从作案手段上反映了当前偷税违法行为的一些新情况、新特点。

(1)该公司有较强的反稽查意识,在经营机构设置上首先考虑隐秘性,以多处存放涉税资料的手段应对税务管理与检查,并且采取了多重防护措施。一旦一个机构暴露问题,其藏匿保管的涉税违法资料有转移的时间和空间,让税务检查很难深入,反映了当前偷税问题的复杂性、隐蔽性。

(2)偷税目标明确,虚假账务处理更具欺骗性。开发票的收入全额记账,不开发票的收入不记账或少记账,用虚假记账依据应对税务管理检查,隐瞒收入的欺骗性较强,增大了违法案件的调查取证难度。

(二)工作建议

税务违法调查要依托现代信息技术的优势,完善税务、银行、市场监管、海关等部门对纳税人经营地址、银行账户等相关经营的信息交换处理平台。这对大力实施税收精细化管理具有十分显著的作用,只有通过充分掌握和分析应用纳税人的全部经营信息,才能掌控纳税人经营情况,并最大限度地遏制涉税违法犯罪活动的发生。

(资料来源:根据公开资料《税务稽查案例精讲》整理形成,道客巴巴网,http://www.doc88.com/p-0088916640341.html,2016)

练习题

一、名词解释

违法调查　　　偷税　　　抗税　　　逃税

二、简答题

1. 简述税务违法调查的特征。
2. 简述税务违法调查的分类。
3. 简述税务违法调查的法律责任。
4. 简述违法调查实施的过程。

三、案例分析——计算错误的税收处罚问题

企业由于计算错误导致少缴税款,可能面临什么税务行政处罚?A企业办税人员于2015年4月15日申报3月份所属期税款,由于计算错误,少申报缴纳税款5万元,2019年6月12日,该企业在自查时发现这个情况。

请问,纳税人可能面临税务机关的行政处罚吗?

第八章 争议处理

第一节 争议处理的概念与特征

税收争议处理是指在公民、法人或者其他组织认为自己的人身权、财产权受侵害的时候,由有关机关或个人在法律所允许的范围内采取一定的补救措施消除侵害,使得被损害人获得一定的补偿或者赔偿,以保护被损害人的合法权益。在税收征管过程中,同样有税收争议处理保护纳税人的合法权益。

一、争议处理的概念

争议处理是国家机关为排除税务具体行政行为对税收相对人合法权益的侵害,通过解决税收争议,制止和矫正违法或不当的税务行政侵权行为,从而使税务相对人的合法权益获得补救的法律制度的总称。税务争议处理的内容包括纳税服务投诉处理、税务行政复议、税务行政诉讼、税务国家赔偿等。

"有权利必有救济"这一原则同样适用于税务争议处理,税务争议处理行为贯穿于税务机关执法过程中。由于税法存在不足、税务人员专业素养欠缺以及税收体系不完善等原因,在进行具体税收行政行为时,往往会使得征税风险加剧,从而会损害纳税人的合法权益。因此,税务争议处理制度,不仅是保护纳税人合法权利的现实需要,也是法治背景下依法治税的必然要求。

税收争议的前提是有纳税争议存在,税收争议的参与主体是税务机关,税收争议的客体是税务行政相对人认为税务机关侵犯其合法权益的税务具体行政行为。

二、税收争议处理的特征

税收争议处理具有以下几个方面的特征:

(一)以解决纳税争议为税务争议处理的核心

纳税争议是税务争议处理产生的前提。无论是纳税主体与征税主体的争议,还是纳税主体之间及征税主体之间的争议,所有涉及税务问题的争议都属涉税争议无疑。从广义上来看,所有的涉税争议都会对现存税收秩序甚至整个国家经济秩序带来不稳定的影响,这些争议都需要妥善解决。一般只针对特定的范围,对其通过动用国家司法

(准司法)资源以制度化的法律途径加以解决。需要通过税务救济法律制度来解决的涉税争议一般只针对征税主体与纳税主体之间的争议,不包括征税主体之间及纳税主体之间的争议。

(二)一般依纳税主体的申请而启动税务救济

在纳税主体权益遭到不法侵害后,并且认为其合法权益受到了损害即可启动救济程序,采取税务救济加以补救。而不是征税主体的行为已经在实际侵害了纳税主体的合法权益,需要通过法定机关按照法定程序进行依法审查确定后才可以申请税务救济。

但也有特殊情况,即对申请人在申请行政复议时没有提出行政赔偿请求的。中国的《行政复议法》规定"复议机关在依法决定撤销或者变更原具体行政行为确定的税款、滞纳金、罚款以及对财产的扣押、查封等强制措施时,应当同时责令被申请人退还税款、滞纳金和罚款,解除对财产的扣押、查封等强制措施,或者赔偿相应的价款。"这是纳税主体虽未申请而税务救济主体主动依职权救济受到侵害纳税主体的特殊情况。

(三)税务机关是税务救济的主体

在中国税务救济法律制度条款中,税务机关作为行政主体,它可以依职权做出具体税务行政行为。但当纳税人权利受到侵害时,税务机关也可以是税务救济的主体。《行政复议法》和《税务行政复议规则》规定,当纳税人申请税务行政复议时,应由做出具体税务行政行为的税务机关的上一级税务机关受理(税务机关也可由同级政府机关受理),并做出复议决定。根据《中华人民共和国国家赔偿法》的规定,因税务机关及其工作人员的违法或不当行政行为致使纳税人权利受到损害的,税务机关为主要的赔偿义务机关,承担着赔偿纳税人损失的责任。

(四)保护纳税人财产权利为税务救济的主要内容

由于税务机关与纳税人是管理者与被管理者的关系,为保证税务机关顺利行使职权,国家赋予了税务机关必要权力,以此来保证税务机关在纳税人不履行义务时可以依职权采取必要的强制措施。

如,税收征管法中赋予的税务机关的税收保全权、强制执行权以及代位权和撤销权。在国家公权力保障下,纳税人与税务机关相比,纳税人处于弱势地位。在纳税人的权利受到侵害时,其没有救济的能力,只有寻求法律的保护。因税务部门的工作主要涉及纳税人的经济行为,其违法或不当行政行为侵害的也往往是纳税人的财产权利。

第二节　纳税服务投诉

纳税服务投诉同样也是维护纳税人权益、提高税收服务水平的重要举措。《纳税服务投诉管理办法》自 2015 年修订以来,有效指导了各级税务机关受理纳税人投诉,切实维护了纳税人合法权益。① 2019年6月，国家税务总局对该《办法》进行了修订，发布了《关于修订〈纳税服务投诉管理办法〉的公告》（以下简称"新《办法》"）。修订后的纳税服务投诉管理办法的主要内容如下：

一、投诉主体

纳税服务投诉主体是纳税人（包括缴费人、扣缴义务人和其他当事人），新《办法》第二条规定："纳税人认为税务机关及其工作人员在履行纳税服务职责过程中未提供规范、文明的纳税服务或者有其他侵犯其合法权益的情形，向税务机关进行投诉，税务机关办理纳税人投诉事项，适用本办法。"

作为投诉主体的纳税人，应该履行相应的义务，新《办法》规定："纳税人进行纳税服务投诉需遵从税收法律、法规、规章、规范性文件，并客观、真实地反映相关情况，不得隐瞒、捏造、歪曲事实，不得侵害他人合法权益。"

二、处理范围

新《办法》进一步拓宽了业务边界，业务受理不限于纳税服务业务，也包括社会保险费和非税收入征缴服务。

（1）纳税人对税务机关工作人员服务言行进行的投诉；

（2）纳税人对税务机关及其工作人员服务质效进行的投诉；

（3）纳税人对税务机关及其工作人员在履行纳税服务职责过程中侵害其合法权益的行为进行的其他投诉。"

对于不属于纳税服务投诉处理范围的也有相关规定。投诉内容存在以下情形的，不属于本办法所称纳税服务投诉的范围：

（1）违反法律、法规、规章有关规定的；

（2）针对法律、法规、规章和规范性文件规定进行投诉的；

（3）超出税务机关法定职责和权限的；

（4）不属于本办法投诉范围的其他情形。

三、处理时限

为了提高纳税服务投诉申请的处理效率，新《办法》对于处理时限进行重新规定，具体如下：

税务机关收到投诉后应于1个工作日内决定是否受理，并按照"谁主管、谁负责"的原则办理或转办。对于不予受理的实名投诉，税务机关应当以适当形式告知投诉人，并说明理由。逾期未告知的，视同自收到投诉后1个工作日内受理。

税务机关对各类服务投诉应限期办结。对服务言行类投诉，自受理之日起5个工作日内办结；服务质效类、其他侵害纳税人合法权益类投诉，自受理之日起10个工作日

---

① 国家税务总局公告2015年第49号发布《纳税服务投诉管理办法》，以下简称"旧《办法》"。

内办结。

服务投诉因情况复杂不能按期办结的,经受理税务机关纳税服务部门负责人批准,可适当延长办理期限,最长不得超过10个工作日,同时向转办部门进行说明并向投诉人做好解释。

四、快速处理机制

近年来,税务总局出台了小型微利企业税收优惠政策落实投诉快速处理机制、加强个人所得税纳税服务投诉管理等规定,新《公告》对现行有效的投诉事项进行了整合,建立了快速处理机制。同时,快速处理机制也适用于自然人提出的社会保险费和非税收入征缴服务投诉。具体规定如下:

属于下列情形的,税务机关应快速处理,自受理之日起3个工作日内办结。

(1) 税务机关及其工作人员未准确掌握税收法律法规等相关规定,导致纳税人应享受未享受税收优惠政策的;

(2) 自然人纳税人提出的个人所得税服务投诉;

(3) 自然人缴费人提出的社会保险费和非税收入征缴服务投诉;

(4) 涉及其他重大政策落实的服务投诉。

五、投诉处理流程

调查纳税服务投诉事项,应当由两名以上工作人员参加。一般流程为:

(1) 核实情况。查阅文件资料,调取证据,听取双方陈述事实和理由,必要时可向其他组织和人员调查或实地核查;

(2) 沟通调解。与投诉人、被投诉人确认基本事实,强化沟通,化解矛盾,促进双方就处理意见形成共识;

(3) 提出意见。依照有关法律、法规、规章及其他有关规定提出处理意见。

对于处理流程的具体执行,新《公告》也做了相应规定:① 处理应当合法合规。税务机关调查处理投诉事项,应依法依规、实事求是、注重调解,化解征纳争议。② 采用回避制度。税务机关调查人员与投诉事项或者投诉人、被投诉人有利害关系的,应当回避。③ 合并办理。纳税人就同一事项通过不同渠道分别投诉的,税务机关接收后可合并办理。

此外,调查过程中发生下列情形之一的,应当终结调查,并向纳税人说明理由:

(1) 投诉事实经查不属于纳税服务投诉事项的;

(2) 投诉内容不具体,无法联系投诉人或者投诉人拒不配合调查,导致无法调查核实的;

(3) 投诉人自行撤销投诉,经核实确实不需要进一步调查的;

(4) 已经处理反馈的投诉事项,投诉人就同一事项再次投诉,没有提供新证据的;

(5) 调查过程中发现不属于税务机关职责范围的。

六、复核环节

为了保护纳税人的合法权益,针对纳税人对投诉处理结果有异议的情形,新《公告》增加了复核环节,第四十条规定:"投诉人认为处理结果显失公正的,可向上级税务机关提出复核申请。上级税务机关自受理之日起,10个工作日内作出复核意见。"复核环节的确立,既完善了纳税人有效维权渠道,又可以通过复核机制的实施,加强上级机关对下级单位投诉处理的监督管理。

第三节 税务行政复议

1999年4月29日第九届全国人民代表大会常务委员会第九次会议通过《中华人民共和国行政复议法》,2017年9月1日第十二届全国人民代表大会常务委员会第二十九次会议对《关于修改〈中华人民共和国法官法〉等八部法律的决定》进行了第二次修正。为进一步发挥行政复议解决行政争议的作用,防止和纠正税务机关违法或者不当的税务具体行政行为,保护纳税人的合法权益,1999年9月23日国家税务总局发布了修订后的《税务行政复议规则》,自1999年10月1日起施行。2010年2月10日国家税务总局令第21号进行第二次修订,2015年12月28日《国家税务总局关于修改〈税务行政复议规则〉的决定》和2018年6月15日《国家税务总局关于修改部分税务部门规章的决定》又分别进行了修正或修订。

一、税务行政复议的概念

税务行政复议是指纳税人、扣缴义务人、纳税担保人、其他当事人或者其他行政相对人认为税务机关及其工作人员做出的税务具体行政行为侵犯其合法权益,对税务机关及其工作人员做出的具体行政行为不服的,依法向上一级税务机关或者有关人民政府提出复查该税务具体行政行为的申请,上一级税务机关根据申请人的申请,对原处理决定重申审议,并依法根据不同情况做出维持、变更或撤销裁决的法律制度。

税务行政复议的具体特征如下:

(1) 税务行政复议的被申请人为具有复议权的税务机关;

(2) 税务行政复议的对象为具体税务行政行为,即申请税务行政复议的前提是税务人员作出具体行政行为,并且申请人对该行为表示不服。而对于做出具体行政行为所依据的相应的法律法规及行政规范,申请人不得就其单独申请税务行政复议;

(3) 税务行政复议不应仅对具体行政行为的合法性进行审查,对其适当性应同时进行审查;

(4) 税务行政复议是一种依申请的行为。"不告不理",税务行政复议必须由受到具体行政行为的行政相对人申请,复议程序才可开启。

二、税务行政复议的机构和人员

（一）税务行政复议机关

税务行政复议机关是指拥有税务行政复议权,能依法受理行政复议申请,对行政行为进行审查并做出裁决的税务机关。县级及以上的税务机关均为税务行政复议机关。复议机关的职责主要包括：

(1) 受理行政复议申请；
(2) 向有关组织和人员调查取证,查阅文件和资料；
(3) 审查申请行政复议的具体行政行为是否合法与适当,拟定行政复议决定；
(4) 处理或者转送对涉及复议案件中作为原行政行为依据的规定的审查申请；
(5) 对被申请人违反行政复议法及税务行政复议规则中规定的行为依照法定的权限和程序提出处理建议；
(6) 研究行政复议工作中发现的问题,及时向有关机关或者部门提出改进建议,重大问题及时向行政复议机关报告；
(7) 指导和监督下级税务机关的行政复议工作；
(8) 办理或者组织办理行政诉讼案件应诉事项；
(9) 办理行政复议案件的赔偿事项；
(10) 办理行政复议、诉讼、赔偿等案件的统计、报告、归档工作和重大行政复议决定备案事项；
11. 其他与行政复议工作有关的事项。

（二）税务行政复议机构

税务行政复议机构是指专门从事税务行政复议工作的职能部门,受税务行政复议机关的领导。税务行政复议的具体职能由税务行政复议机关负责税收法制工作的机构执行。

三、税务行政复议的管辖及受案范围

（一）税务行政复议的管辖

税务行政复议管辖是指税务行政复议机关之间受理税务行政复议案件的具体分工和权限,也就是解决某一具体的税务行政复议案件,应由哪一个税务机关受理的问题。税务行政复议实行一级复议制,即由做出具体行政行为的税务机关的上一级税务机关管辖。税务行政复议管辖的形式具体包括：

1. 一般管辖

申请人对各级税务局的具体行政行为不服的,向其上一级税务局申请行政复议。对计划单列市税务局的具体行政行为不服的,向国家税务总局申请行政复议。对税务所(分局)、各级税务局的稽查局的具体行政行为不服的,向其所属税务局申请行政复议。

对国家税务总局的具体行政行为不服的,向国家税务总局申请行政复议。对行政复议决定不服,申请人可以向人民法院提起行政诉讼,也可以向国务院申请裁决。国务院的裁决为最终裁决。

2.特殊管辖

申请人对税务机关的具体行政行为不服的,按照下列规定申请行政复议:

(1)对两个以上税务机关以共同的名义作出的具体行政行为不服的,向共同上一级税务机关申请行政复议;对税务机关与其他行政机关以共同的名义作出的具体行政行为不服的,向其共同上一级行政机关申请行政复议。

(2)对被撤销的税务机关在撤销以前所作出的具体行政行为不服的,向继续行使其职权的税务机关的上一级税务机关申请行政复议。

(3)对税务机关作出逾期不缴纳罚款加处罚款的决定不服的,向作出行政处罚决定的税务机关申请行政复议。但是对已处罚款和加处罚款都不服的,一并向作出行政处罚决定的税务机关的上一级税务机关申请行政复议。申请人向具体行政行为发生地的县级地方人民政府提交行政复议申请的,由接受申请的县级地方人民政府依法予以转送。

(二)税务行政复议的受案范围

税务行政复议的受案范围既是公民、法人和其他组织可以申请税务行政复议的范围,也是复议机关有复议审查权的税务行政行为的范围或受理税务行政复议案件的范围。

申请人对下列具体行政行为不服,属于行政复议机关受理税务行政复议的范围:

1.征税行为,包括确认纳税主体、征税对象、征税范围、减税、免税、退税、抵扣税款、适用税率、计税依据、纳税环节、纳税期限、纳税地点和税款征收方式等具体行政行为,征收税款、加收滞纳金,扣缴义务人、受税务机关委托的单位和个人做出的代扣代缴、代收代缴、代征行为等。

2.行政许可、行政审批行为。

3.发票管理行为,包括发售、收缴、代开发票等。

4.税收保全措施、强制执行措施。

5.行政处罚行为:

(1)罚款;

(2)没收财物和违法所得;

(3)停止出口退税权。

6.不依法履行下列职责的行为:

(1)颁发税务登记;

(2)开具、出具完税凭证、外出经营活动税收管理证明;

(3) 行政赔偿；

(4) 行政奖励；

(5) 其他不依法履行职责的行为。

7. 资格认定行为。

8. 不依法确认纳税担保行为。

9. 政府信息公开工作中的具体行政行为。

10. 纳税信用等级评定行为。

11. 通知出入境管理机关阻止出境行为。

12. 其他具体行政行为。

四、申请人和被申请人

(一) 申请人

申请人是指对税务机关做出的行政行为不服，依据法律、法规的规定，以自己的名义向行政复议机关提起复议申请的纳税、扣缴义务人、纳税担保人等税务当事人及其他行政相对人。申请人的认定必须符合以下两个条件：

1. 申请人也是行政相对人，包括中国境内被管理的公民、法人及其他组织。税务行政复议中的申请人通常是指纳税人、税收担保人、扣缴义务人等相关税收事项的当事人，其他行政相对人也包含在内；

2. 申请人在申请时必须认为自己的合法权利受到相关税务行政行为的侵害。在税务行政复议的过程中，申请人享有相关法律规定的权利，同时也必须履行法律规定的相应义务。

表 8-1 申请人的权利与义务

申请人享有的权利	申请人须履行的义务
申请复议权，对复议结果不满时，可依法申请税务行政诉讼。 委托代理权。 申请撤回复议权。 要求行政赔偿权。 申请执行权，对一发生效力的复议决定，可申请立即执行。	提供相应事实材料给复议机关的义务； 按时参与复议的义务； 对于已经生效的复议决定依法履行的义务。

(二) 被申请人

被申请人是行政复议申请人认为其具体行政行为侵犯自身利益的对象，并被复议机关要求前来参与行政复议的主体。

在税务行政复议中，被申请人还要具备以下条件：

1. 一般而言，被申请人都是税务机关，在某些特定的税务案件中，可以包括行使相应税收职能的部门(如财政部门和海关)。

2. 做出具体行政行为的税务机关才可被认定为被申请人。在申请行政复议时,只能对该税务部门的具体行政行为进行申请。

3. 对于特定的被申请人也有规定。具体包括:

(1) 申请人对具体行政行为不服申请税务行政复议的,作出该具体行政行为的税务机关为被申请人;

(2) 申请人对扣缴义务人的扣缴税款行为不服的,主管该扣缴义务人的税务机关为被申请人;

(3) 对税务机关委托的单位和个人的代征行为不服的,委托税务机关为被申请人;

(4) 税务机关与法律、法规授权的组织以共同的名义作出具体行政行为的,税务机关和法律、法规授权的组织为共同被申请人;

(5) 税务机关与其他组织以共同名义做出具体行政行为的,税务机关为被申请人;

(6) 税务机关依照法律、法规和规章规定,经上级税务机关批准作出具体行政行为的,批准机关为被申请人;

(7) 申请人对经重大税务案件审理程序做出的决定不服的,审理委员会所在税务机关为被申请人;

(8) 税务机关设立的派出机构、内设机构或者其他组织,未经法律、法规授权,以自己名义对外做出具体行政行为的,税务机关为被申请人。

(三) 第三人

在行政复议中,有时还会有第三人的存在,即与具体行政行为有相应利害关系需要参与到复议过程中的行政相对人。行政复议期间,行政复议机关认为申请人以外的公民、法人或者其他组织与被审查的具体行政行为有利害关系的,可以通知其作为第三人参加行政复议,该行政相对人也可主动向行政复议机关申请作为第三人参加行政复议。第三人在复议过程中具有相对独立的地位,与申请人、被申请人之间不存在依附关系,并与申请人具有相同的权利。

具体而言,第三人具有以下特征:(1) 复议最终结果与自己有利害关系;(2) 第三人必须排除在申请人与被申请人之外;(3) 第三人必须要独立参与并体现客观事实,以此保护自己的利益。

五、税务行政复议的程序

税务行政复议的程序如下:

(一) 申请

税务行政复议申请,是指公民、法人或其他组织向法定复议机关做出行政复议,要求其对某一具体行政行为进行审查并做出裁决的意愿表达。申请是税务行政复议程序的第一个环节。

1. 申请方式

可以书面,也可以口头。口头申请的,复议机关应当当场记录申请人的基本情况、行政复议请求、申请行政复议的主要事实、理由和时间。口头申请的笔录与复议申请书具有同等效力。书面申请的,应注明详细的纳税人信息和事由。

2. 申请法定期限

公民、法人或者其他组织认为税务机关的具体行政行为侵犯其合法权益的,可以自该具体行政行为之日起60日内向复议机关申请复议。由于不可抗力或者被申请人设置障碍等原因而耽误法定申请期限的,申请期限的计算,应当扣除被耽误时间。因此,税务行政复议申请期限有两种例外情况:一是法律规定的申请期限超过60日的,依法律的规定。二是因不可抗力或者其他正当理由延误法定申请期限的,申请期限自例外消除之日起继续计算。

3. 申请条件

复议申请条件根据《行政复议法》,仅限于以下三种:

(1) 申请的行为属于行政复议的受案范围;

(2) 申请必须在法定期限内提出,如无特殊情况不能超过60日或15日提出复议申请;

(3) 申请人必须具备主体资格,即法定权益未受具体行政行为侵害的人。

(二) 受理

税务行政复议机关应当自接到复议申请书之日起5日内,对复议申请进行审查,根据不同情况做出处理:

1. 决定受理

对符合规定的行政复议申请,自行政复议机构收到之日起即为受理;受理行政复议申请,应当书面告知申请人。

2. 不予受理

对不符合法定条件的复议申请,税务行政复议机关应该裁决不予受理并告知理由和诉讼权,申请人有在收到不予受理裁决书之日起15日内向法院起诉的权利。当事人未先行依法全面履行纳税义务的申请复议,复议机关不予受理。

3. 限期补正

如果行政复议申请材料不齐全、表述不清楚的,行政复议机构可以自收到该行政复议申请之日起5日内书面通知申请人补正。补正通知应当载明需要补正的事项和合理的补正期限。无正当理由逾期不补正的,视为申请人放弃行政复议申请。补正申请材料所用的时间,不计入行政复议审理期限。

(三) 举证

税务行政复议举证是解决证明责任由谁来承担的问题,由此举证责任分配是税务行政复议的关键因素。

被申请人应当自收到申请书副本或者申请笔录复印件之日起10日内,提出书面答复,并提交当初做出具体行政行为的证据、依据和其他有关材料。在行政复议过程中,被申请人不按照相关规定提出书面答复、提交当初做出具体行政行为的证据、依据和其他相关材料的,视为该具体行政行为没有证据和依据,决定撤销该项具体行政行为。

(四)审查

根据行政复议法的规定,税务行政复议机关收到申请后,若对该规定有权处理的,应当在30日内依法处理;无权处理的,应当在7日内按照法定程序逐级转送有权处理的行政机关依法处理,有权处理的行政机关应当在60日内依法处理。

1. 审查的内容

审查税务行政复议案件,应当对被申请人做出的原具体行政行为的合法性和适当性进行审查,具体为:

(1)做出税务具体行政行为的主体是否具备执法主体资格;

(2)税务具体行政行为事实是否清楚,证据是否确凿,理由是否充分;

(3)税务具体行政行为适用的依据是否正确;

(4)做出税务具体行政行为是否符合法定程序;

(5)税务具体行政行为有无明显不当。

2. 审查前的准备

复议机关应自受理之日起7日内,将行政复议申请书副本或者行政复议申请笔录复印件发送被申请人。被申请人应当自收到申请书副本或者申请笔录复印件之日起10天内提出书面答复,并提交当初做出具体行政行为的证据、依据和其他有关材料,否则,视该具体行政行为没有证据、依据和其他材料而被撤销。

3. 审查过程中的有关规定

(1)税务行政复议机构审理行政复议案件,应当由2名以上行政复议工作人员参加。

(2)税务行政复议原则上采用书面审查的办法,但是申请人提出要求或者行政复议机构认为有必要时,应当听取申请人、被申请人和第三人的意见,并可以向有关组织和人员调查了解情况。

(3)对重大、复杂的案件,申请人提出要求或者行政复议机构认为必要时,可以采取听证的方式审理。行政复议机构决定举行听证的,应当将举行听证的时间、地点和具体要求等事项通知申请人、被申请人和第三人。听证应当公开举行,但是涉及国家秘密、商业秘密或者个人隐私的除外。行政复议听证人员不得少于2人,听证主持人由行政复议机构指定。听证应当制作笔录。申请人、被申请人和第三人应当确认听证笔录内容。

(4)税务行政复议机关应当全面审查被申请人的具体行政行为所依据的事实证据、法律程序、法律依据和设定的权利义务内容的合法性、适当性。

(5)税务机关行政复议决定做出之前,申请人要求撤回行政复议申请的,经说明理由,可以撤回;一旦撤回,行政复议即告终止,申请人不得以同一事实再次向复议机关提出复议申请。

(6) 行政复议期间被申请人改变原具体行政行为的,不影响行政复议案件的审理。但有下列情形之一的,可以停止执行:被申请人认为需要停止执行的;复议机关认为需要停止执行的;申请人申请停止执行,复议机关认为其要求合理,决定停止执行的;法规规定停止执行的。

(7) 在行政复议过程中,被申请人不得自行向申请人和其他有关组织或者个人收集证据。

(8) 复议审理的中止。对于纳税人在申请对具体行政行为复议时一并提出对有关规定进行审查的,复议机关对该规定无权审查的,应当在 7 日内按照法定程序转送有权处理的行政机关依法处理。复议机关在对被申请人做出的具体行政行为进行审查时,认为其依据不合理,复议机关无权处理的,应当在 7 日内按照法定程序转送有权处理的国家机关依法处理。处理期间,中止对具体行政行为的审查。

(五) 决定

税务行政复议决定,是指税务行政复议机关在清查复议案件事实的基础上,依法对税务具体行政行为是否合法和适当做出具有法律效力的决定。

1. 复议决定期限

根据行政复议法的规定,税务复议机关应当自收到受理复议申请之日起 60 日内做出行政复议决定。如情况复杂,不能在规定期限内做出行政复议决定的,经行政复议机关负责人批准,可以适当延长,并告知申请人和被申请人,但是延长期限最多不得超过 30 日。

2. 复议决定类型

税务行政复议机关负责法制工作的机构应当对被申请人做出的具体行政行为进行审查,提出意见,经行政复议机关的负责人同意或者集体讨论通过后,做出行政复议决定。具体决定类型有:

(1) 维持决定。具体行政行为认定事实清楚,证据确凿,适用依据正确,程序合法,内容适当,决定维持。

(2) 履行决定。被申请人不履行法定职责的,决定其在一定期限内履行。

(3) 撤销、变更确认决定。具体行政行为有下列情形之一的,决定撤销、变更或者确认该具体行政行为违法;决定撤销或者确认该具体行政行为违法的,可以责令被申请人在一定期限内重新做出具体行政行为:主要事实不清、证据不足的;适用依据错误的;违反法定程序的;超越或者滥用职权的;具体行政行为明显不当的。

被申请人不按照规定对申请书副本或申请笔录提出书面答复、提交当初做出具体行政行为的证据、依据和其他有关材料的,视为该具体行政行为没有证据、依据,决定撤销该具体行政行为。

第四节 税务行政诉讼

行政诉讼就是行政官司,即通常说的"民告官",是指在公民、法人或者其他组织认为行政机关和行政机关工作人员的具体行政行为侵犯其合法权益时,依照《行政诉讼法》向人民法院提起诉讼,由人民法院进行审理并做出裁决的活动。

一、税务行政诉讼的概念

(一)税务行政诉讼的定义

税务行政诉讼是指公民、纳税人或者其他组织认为税务机关和税务机关工作人员的具体征税等行政行为侵犯了其合法权益,而有权向人民法院提起诉讼。税务行政诉讼通常是在人民法院的主持下,为解决税务行政争议,依法进行的诉讼活动。

(二)税务行政诉讼的特点

(1)税务行政诉讼是依法请求的法律活动。没有纳税人、扣缴义务人、纳税担保人和其他当事人的起诉行为,司法机关一般是无权受理的。

(2)税务行政诉讼以解决税务争议为前提。即因纳税人、扣缴义务人、纳税担保人和其他当事人不服税务机关的具体行政行为而引起税务行政诉讼。

(3)税务行政诉讼的裁判者为具有管辖权的人民法院。它是在人民法院的主持下由法院起主导作用,解决税务争议的活动。它是人民法院行使审判权的形式之一。

(4)税务行政诉讼以税务行政复议为前置必经程序的。纳税人、扣缴义务人、纳税担保人和其他当事人对税务机关的征税行为不服,必须在按照税务机关规定的期限内缴清税款、滞纳金后,首先向做出具体行政行为税务机关的上一级税务机关申请复议;对复议决定不服,才能在法定期限内向人民法院提起行政诉讼,否则人民法院将不予受理。

(5)税务行政诉讼的客体为具体行政行为,即以做出具体行政行为的税务机关为被告。税务机关同时还负有举证责任。

二、税务行政诉讼的原则

(一)人民法院特定主管原则

人民法院依法对税务行政案件独立行使审判权,不受行政机关、社会团体和个人的干涉。人民法院只能受理因具体行政行为引起的行政争议案,只有具有管辖权的人民法院才能进行税务行政诉讼。

(二)合法性审查原则

人民法院审理税务行政案件,以事实为根据,以法律为准绳。人民法院除了审查税务机关是否滥用权力、税务行政处罚是否有失公正外,还审查具体的税务行为是否合法。

（三）由税务机关负责赔偿的原则

依据《中华人民共和国国家赔偿法》的有关规定,税务机关及其工作人员因执行职务不当,给当事人造成人身及财产损害,应当负赔偿责任。

（四）不适用调解原则

人民法院审理行政案件不得采用调解作为审理程序和方式。行政管理权是国家权力的重要组成部分,行使行政职权既是行政机关的权力,也是行政机关的职责。如果行政机关利用调解方法处理案件,必定涉及到对权利的放弃或让步,这意味着行政机关的失职。此外,在行政诉讼中,人民法院主要审查具体行政行为的合法性,行政机关作出的具体行政行为只有合法和违法这两种可能。

不适用调解也有例外。行政赔偿、行政补偿以及行政机关行使法律、法规规定的自由裁量权的案件可以调解。这是因为赔偿诉讼无非涉及两个问题:一,是否造成了损害;二,损害的程度。相应地审理这类案件也是解决两个问题:一,是否予以赔偿;二,赔偿的数额。这两个问题均不涉及行政机关的法定职权。因此,双方可以通过协商,本着互谅互让的精神,解决赔偿责任问题。

（五）起诉不停止执行原则

在行政诉讼中,当事人争议的具体行政行为不因原告提起诉讼而停止执行。这是行政管理的特殊性决定的。如果具体行政行为一经当事人起诉即停止执行,会破坏行政管理的效率性和连续性,使社会秩序处于不稳定状态。

（六）税务机关负责举证责任原则

税务机关行政诉讼的举证责任不同于民事诉讼的举证责任。税务行政机关作为被告,负有提供作出具体行政行为的证据、提供所依据的规范性文件的责任。

作为被告的税务机关在做出行政行为时,这一原则表明其已经收集了证据。但因不可抗力等正当事由不能提供的,经人民法院准许,可以延期提供。若原告当事人或者第三人提出了其在行政处理程序中没有提出的理由或者证据的,经人民法院准许,作为被告的税务机关可以补充证据。

三、税务行政诉讼的受案范围

税务行政诉讼的受案范围是指人民法院对税务机关的哪些行为拥有司法审查权。换言之,即公民、法人或者其他组织对税务机关的哪些行为不服,可以向人民法院提起税务行政诉讼。在实际生活中,税务行政争议种类多、涉及面广,不可能也没有必要都诉诸人民法院通过诉讼程序解决。界定税务行政诉讼的受案范围,便于明确人民法院、税务机关及其他国家机关之间在解决税务行政争议方面的分工和权限。

（一）人民法院受理公民、法人或者其他组织提起的下列诉讼

（1）对行政拘留、暂扣或者吊销许可证和执照、责令停产停业、没收违法所得、没收非法财物、罚款、警告等行政处罚不服的；

（2）对限制人身自由或者对财产的查封、扣押、冻结等行政强制措施和行政强制执行不服的；

（3）申请行政许可，行政机关拒绝或者在法定期限内不予答复，或者对行政机关作出的有关行政许可的其他决定不服的；

（4）对行政机关作出的关于确认土地、矿藏、水流、森林、山岭、草原、荒地、滩涂、海域等自然资源的所有权或者使用权的决定不服的；

（5）对征收、征用决定及其补偿决定不服的；

（6）申请行政机关履行保护人身权、财产权等合法权益的法定职责，行政机关拒绝履行或者不予答复的；

（7）认为行政机关侵犯其经营自主权或者农村土地承包经营权、农村土地经营权的；

（8）认为行政机关滥用行政权力排除或者限制竞争的；

（9）认为行政机关违法集资、摊派费用或者违法要求履行其他义务的；

（10）认为行政机关没有依法支付抚恤金、最低生活保障待遇或者社会保险待遇的；

（11）认为行政机关不依法履行、未按照约定履行或者违法变更、解除政府特许经营协议、土地房屋征收补偿协议等协议的；

（12）认为行政机关侵犯其他人身权、财产权等合法权益的。

除上述规定外，人民法院受理法律、法规规定可以提起诉讼的其他行政案件。

（二）人民法院不受理公民、法人或者其他组织对下列事项提起的诉讼

（1）国防、外交等国家行为；

（2）行政法规、规章或者行政机关制定、发布的具有普遍约束力的决定、命令；

（3）行政机关对行政机关工作人员的奖惩、任免等决定；

（4）法律规定由行政机关最终裁决的行政行为。

四、税务行政诉讼的程序

税务行政诉讼的程序概括如下：

（一）起诉与受理

1. 税务行政诉讼的起诉

税务行政诉讼的起诉是指公民、法人或者其他组织认为自己的合法权益受到税务机关具体行政行为的侵害，而向人民法院提出诉讼请求，要求人民法院行使审判权，依法予以保护的诉讼行为。

起诉是法律赋予税务行政管理相对人用以保护其合法权益的权利和手段。在税务行政诉讼等行政诉讼中,起诉权是单向性的权利,税务机关不享有起诉权,只有应诉权,即税务机关只能作被告;与民事诉讼不同,作为被告的税务机关不能反诉。

对属于人民法院受案范围的行政案件,公民、法人或者其他组织可以先向行政机关申请复议,对复议决定不服的,再向人民法院提起诉讼;也可以直接向人民法院提起诉讼。

法律、法规规定应当先向行政机关申请复议,对复议决定不服再向人民法院提起诉讼的,依照法律、法规的规定。

纳税人、扣缴义务人等税务行政管理相对人在提起税务行政诉讼时,必须符合下列条件:

(1) 原告是认为具体税务行为侵犯其合法权益的公民、法人或其他组织;
(2) 有明确的被告;
(3) 有具体的诉讼请求和事实根据;
(4) 属于人民法院的受案范围和受诉人民法院管辖。

此外,提起税务行政诉讼,还必须符合法定的期限和必经的程序。根据《税收征管法》第八十八条及其他相关规定,对税务机关的征税行为提起诉讼,必须先经过复议;对复议决定不服的,可以在接到"复议决定书"之日起15日内向人民法院起诉。复议机关逾期不作决定的,申请人可以在复议期满之日起十五日内向人民法院提起诉讼。法律另有规定的除外。

当事人对税务机关的处罚决定、强制执行措施或者税收保全措施不服的,可以依法申请行政复议,也可以依法向人民法院起诉。税务机关做出具体行政行为时,未告知当事人诉权和起诉期限,致使当事人逾期向人民法院起诉的,其起诉期限从当事人实际知道诉权或者起诉期限时计算,但最长不得超过2年。

2. 税务行政诉讼的受理

原告起诉后,经人民法院审查,认为符合起诉条件并立案审理,称为受理。

人民法院在接到起诉状时对符合规定的起诉条件的,应当登记立案;对当场不能判定是否符合规定的起诉条件的,应当接收起诉状,出具注明收到日期的书面凭证,并在7日内决定是否立案;不符合起诉条件的,做出不予立案的裁定,裁定书应当载明不予立案的理由。原告对裁定不服的,可以提起上诉。

起诉状内容欠缺或者有其他错误的,应当给予指导和释明,并一次性告知当事人需要补正的内容。不得未经指导和释明即以起诉不符合条件为由不接收起诉状。

对于不接收起诉状、接收起诉状后不出具书面凭证,以及不一次性告知当事人需要补正的起诉状内容的,当事人可以向上级人民法院投诉,上级人民法院应当责令改正,并对直接负责的主管人员和其他直接责任人员依法给予处分。

人民法院既不立案,又不做出不予立案裁定的,当事人可以向上一级人民法院起诉。上一级人民法院认为符合起诉条件的,应当立案、审理,也可以指定其他下级人民法院立案、审理。

公民、法人或者其他组织认为行政行为所依据的国务院部门和地方人民政府及其部门制定的规范性文件不合法,在对行政行为提起诉讼时,可以一并请求对该规范性文件进行审查。这里所指的规范性文件不含规章。

(二) 审理与判决

1. 一般程序

人民法院公开审理行政案件,但涉及国家秘密、个人隐私和法律另有规定的除外。涉及商业秘密的案件,当事人申请不公开审理的,可以不公开审理。

当事人认为审判人员与本案有利害关系或者有其他关系可能影响公正审判,有权申请审判人员回避。审判人员认为自己与本案有利害关系或者有其他关系,应当申请回避。上述规定,适用于书记员、翻译人员、鉴定人、勘验人。院长担任审判长时的回避,由审判委员会决定;审判人员的回避,由院长决定;其他人员的回避,由审判长决定。当事人对决定不服的,可以申请复议一次。

人民法院对起诉行政机关没有依法支付抚恤金、最低生活保障金和工伤、医疗社会保险金的案件,权利义务关系明确、不先予执行将严重影响原告生活的,可以根据原告的申请,裁定先予执行。当事人对先予执行裁定不服的,可以申请复议一次。复议期间不停止裁定的执行。

经人民法院传票传唤,原告无正当理由拒不到庭,或者未经法庭许可中途退庭的,可以按照撤诉处理;被告无正当理由拒不到庭,或者未经法庭许可中途退庭的,可以缺席判决。

人民法院审理行政案件,不适用调解。但是,行政赔偿、补偿以及行政机关行使法律、法规规定的自由裁量权的案件可以调解。调解应当遵循自愿、合法原则,不得损害国家利益、社会公共利益和他人合法权益。

在涉及行政许可、登记、征收、征用和行政机关对民事争议所作的裁决的行政诉讼中,当事人申请一并解决相关民事争议的,人民法院可以一并审理。在行政诉讼中,人民法院认为行政案件的审理需以民事诉讼的裁判为依据的,可以裁定中止行政诉讼。

人民法院在审理行政案件中,认为行政机关的主管人员、直接责任人员违法违纪的,应当将有关材料移送监察机关、该行政机关或者其上一级行政机关;认为有犯罪行为的,应当将有关材料移送公安、检察机关。

人民法院对被告经传票传唤无正当理由拒不到庭,或者未经法庭许可中途退庭的,可以将被告拒不到庭或者中途退庭的情况予以公告,并可以向监察机关或者被告的上一级行政机关提出依法给予其主要负责人或者直接责任人员处分的司法建议。

2. 第一审普通程序

人民法院应当在立案之日起5日内,将起诉状副本发送被告。被告应当在收到起诉状副本之日起15日内向人民法院提交作出行政行为的证据和所依据的规范性文件,并提出答辩状。人民法院应当在收到答辩状之日起5日内,将答辩状副本发送原告。被告不提出答辩状的,不影响人民法院审理。

人民法院审理行政案件,由审判员组成合议庭,或者由审判员、陪审员组成合议庭。合议庭的成员,应当是3人以上的单数。

行政行为证据确凿,适用法律、法规正确,符合法定程序的,或者原告申请被告履行法定职责或者给付义务理由不成立的,人民法院判决驳回原告的诉讼请求。

人民法院判决被告重新作出行政行为的,被告不得以同一的事实和理由作出与原行政行为基本相同的行政行为。

人民法院经过审理,查明被告不履行法定职责的,判决被告在一定期限内履行;查明被告依法负有给付义务的,判决被告履行给付义务。

行政行为有实施主体不具有行政主体资格或者没有依据等重大且明显违法情形,原告申请确认行政行为无效的,人民法院判决确认无效。

人民法院判决确认违法或者无效的,可以同时判决责令被告采取补救措施;给原告造成损失的,依法判决被告承担赔偿责任。

行政处罚明显不当,或者其他行政行为涉及对款额的确定、认定确有错误的,人民法院可以判决变更。人民法院判决变更,不得加重原告的义务或者减损原告的权益。但利害关系人同为原告,且诉讼请求相反的除外。

复议机关与作出原行政行为的行政机关为共同被告的案件,人民法院应当对复议决定和原行政行为一并作出裁判。

人民法院对公开审理和不公开审理的案件,一律公开宣告判决。当庭宣判的,应当在10日内发送判决书;定期宣判的,宣判后立即发给判决书。宣告判决时,必须告知当事人上诉权利、上诉期限和上诉的人民法院。

人民法院应当在立案之日起6个月内做出第一审判决。有特殊情况需要延长的,由高级人民法院批准,高级人民法院审理第一审案件需要延长的,由最高人民法院批准。

3. 简易程序

人民法院审理下列第一审行政案件,认为事实清楚、权利义务关系明确、争议不大的,可以适用简易程序:

(1)被诉行政行为是依法当场作出的;
(2)案件涉及款额二千元以下的;
(3)属于政府信息公开案件的。

除上述规定以外的第一审行政案件,当事人各方同意适用简易程序的,可以适用简易程序。

发回重审、按照审判监督程序再审的案件不适用简易程序。

适用简易程序审理的行政案件,由审判员一人独任审理,并应当在立案之日起45日内审结。

人民法院在审理过程中,发现案件不宜适用简易程序的,裁定转为普通程序。

4. 第二审程序

当事人不服人民法院第一审判决的,有权在判决书送达之日起15日内向上一级人民法院提起上诉。当事人不服人民法院第一审裁定的,有权在裁定书送达之日起10日内向上一级人民法院提起上诉。逾期不提起上诉的,人民法院的第一审判决或者裁定发生法律效力。

人民法院对上诉案件,应当组成合议庭,开庭审理。经过阅卷、调查和询问当事人,对没有提出新的事实、证据或者理由,合议庭认为不需要开庭审理的,也可以不开庭审理。

人民法院审理上诉案件,应当对原审人民法院的判决、裁定和被诉行政行为进行全面审查;应当在收到上诉状之日起3个月内作出终审判决。有特殊情况需要延长的,由高级人民法院批准,高级人民法院审理上诉案件需要延长的,由最高人民法院批准。

人民法院审理上诉案件,按照下列情形,分别处理:

(1) 原判决、裁定认定事实清楚,适用法律、法规正确的,判决或者裁定驳回上诉,维持原判决、裁定;

(2) 原判决、裁定认定事实错误或者适用法律、法规错误的,依法改判、撤销或者变更;

(3) 原判决认定基本事实不清、证据不足的,发回原审人民法院重审,或者查清事实后改判;

(4) 原判决遗漏当事人或者违法缺席判决等严重违反法定程序的,裁定撤销原判决,发回原审人民法院重审。

原审人民法院对发回重审的案件作出判决后,当事人提起上诉的,第二审人民法院不得再次发回重审。

人民法院审理上诉案件,需要改变原审判决的,应当同时对被诉行政行为作出判决。

5. 审判监督程序

当事人对已经发生法律效力的判决、裁定,认为确有错误的,可以向上一级人民法院申请再审,但判决、裁定不停止执行。

当事人的申请符合下列情形之一的,人民法院应当再审:

(1) 不予立案或者驳回起诉确有错误的;

(2) 有新的证据,足以推翻原判决、裁定的;

(3) 原判决、裁定认定事实的主要证据不足、未经质证或者系伪造的;

(4) 原判决、裁定适用法律、法规确有错误的;

(5) 违反法律规定的诉讼程序,可能影响公正审判的;

(6) 原判决、裁定遗漏诉讼请求的;

(7) 据以作出原判决、裁定的法律文书被撤销或者变更的;

(8) 审判人员在审理该案件时有贪污受贿、徇私舞弊、枉法裁判行为的。

各级人民法院院长对本院已经发生法律效力的判决、裁定,发现上述规定情形之一,或者发现调解违反自愿原则或者调解书内容违法,认为需要再审的,应当提交审判委员会讨论决定。

最高人民法院对地方各级人民法院已经发生法律效力的判决、裁定,上级人民法院对下级人民法院已经发生法律效力的判决、裁定,发现有上述规定情形之一,或者发现调解违反自愿原则或者调解书内容违法的,有权提审或者指令下级人民法院再审。

最高人民检察院对各级人民法院已经发生法律效力的判决、裁定,上级人民检察院对下级人民法院已经发生法律效力的判决、裁定,发现有上述规定情形之一,或者发现调解书损害国家利益、社会公共利益的,应当提出抗诉。

地方各级人民检察院对同级人民法院已经发生法律效力的判决、裁定,发现有上述规定情形之一,或者发现调解书损害国家利益、社会公共利益的,可以向同级人民法院提出检察建议,并报上级人民检察院备案;也可以提请上级人民检察院向同级人民法院提出抗诉。

各级人民检察院对审判监督程序以外的其他审判程序中审判人员的违法行为,有权向同级人民法院提出检察建议。

(三)税务行政诉讼的执行

税务行政诉讼的执行是指人民法院依靠国家力量,按照法院程序,采取强制措施,实现人民法院对税务行政诉讼案件所作的已经发生法律效力的判决或裁定的诉讼活动。其是行政诉讼程序的一个重要组成部分,也是完成人民法院对行政案件审判的最后阶段。如果不执行就不能彻底解决税务行政争议,因此,税务行政诉讼的执行具有十分重要的意义。

当事人必须履行人民法院发生法律效力的判决、裁定、调解书。

公民、法人或者其他组织拒绝履行判决、裁定、调解书的,行政机关或者第三人可以向第一审人民法院申请强制执行,或者由行政机关依法强制执行。

行政机关拒绝履行判决、裁定、调解书的,第一审人民法院可以采取下列措施:

(1)对应当归还的罚款或者应当给付的款额,通知银行从该行政机关的账户内划拨;

(2)在规定期限内不履行的,从期满之日起,对该行政机关负责人按日处 50 元至 100 元的罚款;

(3)将行政机关拒绝履行的情况予以公告;

(4)向监察机关或者该行政机关的上一级行政机关提出司法建议。接受司法建议的机关,根据有关规定进行处理,并将处理情况告知人民法院;

(5)拒不履行判决、裁定、调解书,社会影响恶劣的,可以对该行政机关直接负责的主管人员和其他直接责任人员予以拘留;情节严重,构成犯罪的,依法追究刑事责任。

公民、法人或者其他组织对行政行为在法定期限内不提起诉讼又不履行的,行政机关可以申请人民法院强制执行,或者依法强制执行。

第五节 税务国家赔偿

国家赔偿是指国家行政机关及其工作人员违法行使职权,侵犯公民、法人或其他组织的合法权益并造成损害,由国家承担赔偿责任的制度。这是税务机关工作有错的救济措施,这点与后面的税务行政补偿有着本质的不同。

一、税务国家赔偿的概念及构成要素

(一) 税务国家赔偿的概念

税务国家赔偿,是指税务机关的具体行政行为对纳税人、担保人或扣缴义务人的权益造成侵犯时,行政相对人有权申请赔偿,而税务机关也应予以相应赔偿。

税务国家赔偿从本质而言是一种国家赔偿,是对因税务行政行为造成损害的纳税人、担保人或扣缴义务人给予救济的一种手段,其赔偿责任完全由国家担负。申请税务行政赔偿的申请人向税务机关要求赔偿,实际上是通过税务机关向国家申请税务赔偿。因而税务行政赔偿的费用一般来自国家财政所提供的专项拨款,在原则上不能影响到具有税务赔偿义务的机关的正常预算费用及其他合法的资金。同时税务赔偿有国家的全部资产作为合法保障,不得以具有赔偿义务的机关自有资金为限,申请人申请税务行政赔偿时,负有义务的税务机关不得以赔偿金额超出自身能力范围而拒绝赔偿义务。

作为一种国家赔偿,税务国家赔偿意味着税务人员的违法行为所造成的损失都由国家进行负担,对于税务人员所造成的损害,无须税务人员负责,即使是因为税务人员故意或有重大过失的行为。因而,无论在何种情况下,对于税务机人员所造成的损失,受侵害的单位和个人都不能向税务人员要求赔偿。从国家赔偿的性质而言,税务人员能成为税务行政赔偿案件中的被请求人或被告。针对税务国家赔偿案件,受害人也不能对造成其损失的税务机关或税务人员申请民事诉讼,因此,只能通过国家赔偿的方式申请相应的救济。

(二) 税务国家赔偿的构成要素

第一,税务国家赔偿的核心要件是税务机关或工作人员做出的违法行为,这也是税务国家赔偿行为的前提。如果国家税务机关或者税务工作人员在合法行使职权的情况下,依旧对行政相对人造成损失,受害人可申请相应的税务国家补偿,税务机关不承担国家赔偿责任。

第二,纳税人或其他税务行政相对人的合法权益受到侵害。这也是税务国家赔偿责任的必备构成要件。首先,税务机关或人员的违法行为对受害人的权益造成损失;其次,损失的权益是合法的,这两个条件均得到满足才可能形成税务国家赔偿。另外,合法权益受到损害这一结果必须已经发生,如未发生,仍不构成税务国家赔偿。

受害人所遭受的损失与税务机关或税务人员所做出的违法行为有相应的因果关系。若在具体执法过程中,税务机关及其工作人员确实存在违法行为,最终纳税人或其他行政相对人的合法权益也受到了损害,但二者并无对应的因果关系是,税务机关也不承担赔偿责任,也不构成税务国家赔偿。

二、税务国家赔偿的范围

税务国家赔偿的范围是对受害人造成损害后,对于具体需要国家进行赔偿的部分进行界定。《中华人民共和国国家赔偿法》的国家赔偿范围包括:财产权、人身自由权及人身权中的生命健康权,但并不包括精神损害的赔偿。此外,依据《国家赔偿法》,对于受害人造成的赔偿部分,仅限于对直接损害的赔偿,而不包括间接损害。因此,依据《国家赔偿法》,税务国家赔偿具体包括以下类型。

表8-2 税务国家赔偿的范围

类 型	侵权形式——对应赔偿的范围
侵犯人身权	1. 税务机关及其工作人员利用非法手段强行限制、剥夺纳税人或其他行政相对人的人身自由,如非法拘禁等。对于公民的人身自由,只有中国司法机关有权依法限制或剥夺,而其他任何单位组织或个人都无法对公民人身自由进行限制。公安机关未按法律规定拘留或限制人身自由是一种违法行为,而税务机关及其工作人员实施的拘禁则是一种非法行为。二者的不同之处在于,"违法"是法律规定某项权限,但在实施过程中出现了违反法律规定的现象,而"非法"则是法律并没有赋予相应权限,而行政部门却滥用,如法律并未授予税务机关限制公民人身自由权,税务机关或税务人员进行拘禁就是一种非法行为。 2. 在税务机关执法过程中,税务人员出现暴力执法或者教唆其他人员对税务行政相对人进行暴力行为等现象,造成当事人受伤或死亡的。 3. 税务机关执法过程中,对公民身体造成损害或致其死亡的其他违法行为。
侵犯财产权	1. 税务执法过程中,违法收取当事人滞纳金。 2. 税务执法过程中,违法实施罚款、没收违法所得等行政处罚行为的。 3. 税务执法过程中,违法执行税收保全措施或其他强制执行措施的。 4. 税务执法过程中,违法向当事人收取现金财物或摊派费用的。 5. 税务执法过程中,对税务当事人造成伤害的其他违法行为。

三、税务国家赔偿的程序

(一)税务国家赔偿的提出

依据《国家赔偿法》规定,税务国家赔偿请求人应当先向负有履行赔偿义务的税务机关提出赔偿要求。这是税务国家赔偿的必经程序,即先行处理程序。税收国家赔偿先行处理程序是指税务国家赔偿请求人请求赔偿时,应先向税务国家赔偿义务机关提出赔偿请求,由该赔偿义务机关依法进行处理,或者由双方当事人就有关赔偿的范围、方式和金额等事项进行自愿协商,从而解决税务国家赔偿争议的一种行政程序。它适用于单独提起赔偿请求的情况。[①]

赔偿请求的形式。依据《国家赔偿法》规定,要求税务国家赔偿时应当递交申请书,

---

① 本节部分内容根据李大明《税收管理与稽查》整理形成,经济科学出版社2004年第1版:223—224页。

申请书应当载明下列事项：
(1) 受害人的姓名、性别、年龄、工作单位和住所,法人或者其他组织的名称、住所和法定代表人或者主要负责人的姓名、职务。
(2) 具体的要求、事实根据和理由。
(3) 申请的年、月、日。
赔偿申请须以书面形式提出,如果税务国家赔偿请求人书写申请书确有困难,可以委托他人代写,也可以口头申请,由赔偿义务机关的工作人员作笔录。

(二) 税务国家赔偿的受理与处理

1. 对税务行政赔偿请求的受理

赔偿义务机关收到赔偿请求人的赔偿申请书后,应按照法律规定的要求对申请书进行相应的审查。这种审查不以赔偿请求人请求赔偿的范围为限。如在审查、确认过程中发现新的依法应予赔偿的事实,赔偿义务机关应主动将其列入赔偿范围。审查的内容应当包括以下几个方面：
(1) 赔偿请求人是否具备条件。
(2) 请求人所要求赔偿的事实及理由是否确定、充分,是否属于法定的行政赔偿范围。
(3) 呈送的赔偿义务机关是否正确。
(4) 是否在法定时效期限内向赔偿义务机关提出申请。
(5) 申请书所载的其他内容及形式是否合乎要求,符合要求的应予受理。

2. 对税务国家赔偿请求的处理

税务国家赔偿请求人在法定期限内提出赔偿请求后,负有赔偿义务的税务机关应当自收到申请之日起2个月内依照法定的赔偿方式和计算标准给予赔偿；逾期不赔偿或者赔偿请求人对赔偿数额有异议时,赔偿请求人可以在期限届满之日起3个月内向人民法院提起诉讼。

(三) 税务国家赔偿的诉讼

当税务赔偿义务机关逾期不予赔偿或者税务行政赔偿请求人对赔偿数额有异议时,税务国家赔偿请求人可以向人民法院提起诉讼,此时进入税务国家赔偿诉讼程序。应当注意,单独提起税务国家赔偿诉讼与在提起税务行政诉讼的同时一并提出的税务国家赔偿请求有所不同：
(1) 在提起税务国家诉讼时一并提出赔偿请求无须经过先行处理,而单独提起税务国家赔偿诉讼必须以税务机关的先行处理为条件。
(2) 依据《行政诉讼法》规定,税务行政诉讼不适用于调解,而税务国家赔偿诉讼可以进行调解。因为税务国家赔偿诉讼的核心是税务国家赔偿请求人的人身权、财产权受到的损害是否应当赔偿、赔偿多少,权利具有自由处分的性质,存在调解的基础。

(3) 依据《行政诉讼法》规定,在税务行政诉讼中,被告即税务机关承担举证责任,而在税务国家赔偿诉讼中,损害事实部分的举证责任不可能由税务机关承担,也不应由税务机关承担。

四、税务国家赔偿的方式与费用标准

(一)税务国家赔偿方式

赔偿方式是指国家承担赔偿责任的各种形式。依据《国家赔偿法》规定,国家赔偿以支付赔偿金为主要方式,如果赔偿义务机关能够通过返还财产或者恢复原状实施国家赔偿的,应当返还财产或者恢复原状。

表8-3 税务国家赔偿的方式和内容

形式	内容
支付赔偿金	这是最主要的赔偿形式。支付赔偿金简便易行,适用范围广,它可以使受害人的赔偿要求迅速得到满足。
返还财产	是指对财产所有权造成损害后的赔偿方式。返还财产要求财产或者原物存在,只有这样才谈得上返还财产。返还财产所指的财产一般是特定物,但也可以是种类物,如罚款所收缴的货币。
恢复原状	是指对受到损害的财产进行修复,使之恢复到受损前的形状或者性能。使用这种赔偿方式的前提必须是受损害的财产确能恢复原状且易行。

(二)税务国家赔偿费用标准

根据侵犯人身权和财产权的形式,分别设立赔偿标准,具体如下表所示:

表8-4 国家赔偿的费用标准

主要类型	具体标准
侵害人身权的赔偿标准	1. 侵犯公民人身自由的,每日赔偿金按照国家上年度职工日平均工资计算。 2. 造成公民身体伤害的,应当支付医疗费,以及赔偿因误工减少的收入。减少的收入每日赔偿金按照国家上年度职工日平均工资计算,最高限额为国家上年度职工平均工资的5倍。 3. 造成部分或者全部丧失劳动能力的,应当支付医疗费及残疾赔偿金,最高额为国家上年度职工平均工资的10倍,全部丧失劳动能力的为国家上年度职工平均工资的20倍。造成全部丧失劳动能力的,对其抚养的无劳动能力的人,还应当支付生活费。 4. 造成死亡的,应当支付死亡赔偿金、丧葬费,总额为国家上年度职工平均工资的20倍。对死者生前抚养的无劳动能力的人,还应当支付生活费。 上述规定的生活费发放标准参照当地民政部门有关生活救济的规定办理。被抚养的人是未成年人,生活费给付至18周岁为止;其他无劳动能力的人,生活费给付至死亡时为止。

续 表

主要类型	具体标准
关于侵害财产权的赔偿标准	1. 违法征收税款、加收滞纳金的,返还税款、税款银行同期存款利息及滞纳金。 2. 违法对应予出口退税而未退税的,应予退税。 3. 处罚款、没收非法所得或者违反国家规定征收财物、摊派费用的,返还财产。 4. 查封、扣押、冻结财产的,解除对财产的查封、扣押、冻结,造成财产损坏或者灭失的,应当恢复原状或者给付相应的赔偿金。 5. 应当返还的财产损坏的,能恢复原状的就恢复原状,不能恢复原状的,按照损害程度给付赔偿金。 6. 应当返还的财产灭失的,给付相应的赔偿金。 7. 财产已经拍卖的,给付拍卖所得的款项。 8. 对财产权造成其他损害的,按照直接损失给予赔偿。

最后,按照《国家赔偿法》和国家赔偿费用管理办法的规定,税务行政赔偿费用列入各级财政预算,由各级财政按照财政管理体制分级负担。

第六节 税务行政补偿

税务行政补偿是指税务行政主体为了实现国家利益、社会公共利益或者其他法定事由的需要,在税务行政管理中做出的合法行政行为给公民、法人或者其他组织的财产权益造成了损失,由国家基于保障财产权和公平原则予以救济的具体行政行为。这是税务机关工作无错的救济措施,与前面的税务国家赔偿不同。

一、税务行政补偿的原则

对于税务行政补偿原则,学界主流的观点有三种,即完全补偿原则、折中补偿原则、适当补偿原则。具体内涵如下表所示:

表 8-5 税务行政补偿的原则

原则类型	具体含义
完全补偿原则	是指对因合法具体行政行为造成公民、法人或其他组织的合法权益损失进行完全补偿,包括直接利益损失和间接利益损失。
折中补偿原则	是指对因合法具体行政行为而给公民、法人或其他组织合法权益造成的损失依不同的情况进行补偿,对数额较小的损失给予"完全补偿",对数额较大的给予"适当补偿"。
适当补偿原则	是指对因合法具体行政行为而给公民、法人或其他组织合法权益造成的损失予以适当补偿的原则。

结合实际来看,中国应采用"折中补偿"为过渡,再向"完全补偿"慢慢转变。原因如下:(1)我国经济实力不断提升。人均 GDP 已达 1 万美元,经济发展的水平明显提升。

(2)中国政府的财政实力不断增强,财政有能力支付补偿费用。(3)《国家赔偿法》适用范围过于狭窄,还未完全达到预期的实施效果。因此,《行政赔偿法》中考虑税务行政补偿是对《国家赔偿法》的重要补充。

二、税务行政补偿的法律依据

目前,中国并未颁布单独的关于税务行政补偿的税收法律法规和相关规章,但鉴于税收行政执法的需要,目前税收行政补偿所依据的法律依据如下:

第一,《中华人民共和国行政许可法》第八条规定,"公民、法人或者其他组织依法取得的行政许可受法律保护,行政机关不得擅自改变已经生效的行政许可。行政许可所依据的法律、法规、规章修改或者废止,或者准予行政许可所依据的客观情况发生重大变化的,为了公共利益的需要,行政机关可以依法变更或者撤回已经生效的行政许可。由此给公民、法人或者其他组织造成财产损失的,行政机关应当依法给予补偿"。《行政许可法》第一次以法律的形式确立了信赖利益保护原则,即行政机关的不诚信的相应行政行为对行政相对人造成损失的,应当给予相应的补偿,以法律的形式对信赖利益保护原则进行确立。

第二,《中华人民共和国行政复议法实施条例》第五十条规定,"有下列情形之一的,行政复议机关可以按照自愿、合法的原则进行调解:其中,当事人之间的行政赔偿或者行政补偿纠纷。"该条规定从行政救济的角度肯定了税务行政补偿纠纷的客观存在。

第三,《国务院全面推进依法行政实施纲要》有关依法行政的基本要求中规定:"行政机关公布的信息应当全面、准确、真实。非因法定事由并经法定程序,行政机关不得撤销、变更已经生效的行政决定;因国家利益、公共利益或者其他法定事由需要撤回或者变更行政决定的,应当依照法定权限和程序进行,并对行政管理相对人因此而受到的财产损失依法予以补偿"。该条规定对于信赖利益保护原则的适用范围进行进一步的拓展,将行政补偿范围拓展至行政决定中。

三、税务行政补偿的程序

目前,税务行政补偿的程序有两种:行政程序和司法程序,行政程序可以进一步细分为依申请的补偿程序和依职权的补偿程序。此外,行政相对人对于自己的财产有处分的权利,如果税务机关与行政相对人协商不一致,税务机关应当面及时进行补偿,因此,税务行政补偿程序还需加入协商程序。具体税务行政补偿的程序可以设计如下:

(一)依申请补偿

与行政相对人达成一致的:申请——协商——执行;

与行政相对人未达成一致:申请——调查——审查——决定——执行。

（二）依职权补偿

与行政相对人达成一致:启动——协商——执行；

与行政相对人未达成一致:启动——决定——执行。

此外,还有一些特殊情况,包括:(1)在决定作出前,税务机关与行政相对人可以随时协商。(2)对于涉及金额较大的税务行政补偿,可引入听证程序。(3)若对于税务行政补偿决定,行政相对人表示不服,可申请行政复议或直接申请行政诉讼进行限制救济,行政复议或者诉讼的相应程序应符合相应法律法规的规定。

最后,税收行政补偿有重要的现实意义,构建一套完备的税收行政补偿制度比较重要。这是因为:(1)从法律的角度来看,一方面,税收行政赔偿可以给予税收行政相对人相应的补偿,有利于维护纳税人的合法权益。另一方面,完善税务行政补偿制度也是中国税务机关完善国家治理体系、提升税收治理能力的要求。(2)从经济的角度来看,税收行政赔偿制度有利于构建公平的营商环境。(3)从社会的角度来看,税收行政赔偿制度可以很好地解决因税务纠纷而引发的征纳双方的矛盾,推动和谐的征纳关系。

[延伸阅读]

中州某公司系某地下人防工程的投资开发人,该人防工程的产权属于国家,2008年12月28日开始营业,该公司与租赁户签订603份商铺经营使用权转让合同。公司一次性收取了40年的租金收入,并于2009年1月一次性缴纳企业所得税1.93亿元。

公司认为,企业应纳税所得额的计算以权责发生制为原则,根据该原则,公司与603名商户签订的跨年度(40年)期限合同在租金提前一次性支付时,应在该40年租赁(使用)期内,将租金收入分期即分40年均匀计入相关年度收入。

于是,公司于2011年向国税局递交了企业所得税补正申报及退税申请,国税局做出了答复,认为公司的退税申请不符合税收政策规定,不予退税。公司遂向上级国税局申请行政复议,上级国税局做出《税务行政复议决定书》,维持认定退税申请事项不符合税收政策规定的决定及其答复。

2013年7月8日,公司向中州市中级人民法院提起行政诉讼,中州市中院经审理认为,公司存在多缴税款的事实,其申请退税符合法律规定,判决撤销国税局的答复,要求其重新做出答复。

案件到此,对公司来说,是很圆满的。一次性收取了40年的租金,公司经营期限只有30年,却可以在40年的时间里分期缴税,接下来就是坐在摇椅上数着钱慢慢变老了。

可惜,事情并没有如此发展。

国税局上诉到省高级人民法院了。省高院在审理中根据查明的商铺经营使用权转让合同情况,对合同性质认定问题做出了这样一段阐述:"认定涉案合同性质要从合同的形式、内容、当事人意思表示等多方面综合考量。涉案合同的名称是中州某某项目商铺经营使用权转让合同;涉案合同转让的标的是40年商铺的经营使用权,而不是商铺,该权利是一种复合型的财产权利,其不仅仅是40年商铺的使用权,更重要的是在中州某某商场内40年商铺的经营权,并且该财产权利是某公司投资建设国家人防工程置换所得,并非是租赁取得,政府允许其出租或转让;合同约定了商铺经营使用权转让金总额,这是合同价款;合同价款的支付方式是首付转让款总额30%,剩余部分可以向银行按揭贷款;合同还约定了受让人对商铺经营使用权的处分权,在使用期内可以转让或出租等等。从合同双方约定的合同名称、合同价款、付款方式、权利期限、权利处分方式以及有关经营权的内容来看,属于财产权利让渡合同。"

根据这一分析认定,省高院认为国税局在做出答复的时候未对合同性质做出认定,答复认定事实不清,适用法律错误,应予撤销。一审判决对合同性质错误,予以纠正,但是判决结果正确,予以维持。

这里先简单说明以下这两种合同有什么区别,就比较好理解省高院的这一认定对案件和公司缴税的影响。

商铺租赁合同是对不动产使用权的出租,即使预收租金,这些租金收入也应平均分配到每一个租期里,按期实现收入并缴纳企业所得税。也就是说,出租人预收了租金,却不是实现了全部收入,不需要一次性对所有收入缴纳企业所得税,这是一审法院判决的基础。

但是财产权利让渡合同是对财产权益的转让,收入是一次性实现的,企业所得税也应当一次性缴纳,自然就不需要退税了。

这两种合同的另外一个区别是,商铺租赁合同需要缴纳房产税,不需要缴纳土地增值税,而如果对不动产经营使用的这种综合性权益进行转让就需要缴纳土地增值税了,不需要缴纳房产税。土地增值税通常比房产税要高得多,要进行纳税筹划也复杂得多。从本案的情况来看,该公司很可能没有过这方面的筹划安排。

看这两份判决书的过程是很有意思的,画面感很强,仿佛公司、国税局和中州中院拳来脚往,却被省高院各自敲打,最后对自作聪明、不懂得事前进行税务筹划安排的公司"一剑封喉"。

公司赢了官司输了税,按其已缴纳的企业所得税倒推,其需要缴纳的土地增值税将超过2亿元。国税局输了官司,但依据判决书对合同性质的认定,重新做出答复也只是对合同性质认定以及适用法律的问题,不会退税。二审判决虽然认为一审判决对合同性质认定错误,但维持原状,驳回上诉了,也某种程度上维护了中院法官的体面。

企业经营中的法律风险越来越多地受到重视,但税务风险并没有引起足够的重视。而这一失误有可能造成几年的苦心经营化为乌有,甚至导致企业瞬间陷入困境。本案中的公司如果能在事前对交易结构和合同条款稍加调整,本来也可以少交税、迟交税的。

(资料来源:根据微信公众号"法税先锋刘金涛"文章:《学好合同法对理解税法的意义?》整理形成,2015)

练 习 题

一、名词解释

争议处理　　　　税务行政复议　　　　申请人　　　　被申请人

税务行政诉讼　　税务国家赔偿

二、简答题

1. 简述税务争议处理及其特征。
2. 简述税务行政复议的概念及其管辖。
3. 简述税务行政诉讼的概念及其原则。
4. 简述税务行政诉讼的管辖及其受案范围。
5. 简述税务国家赔偿的概念及其范围。

三、案例分析

2018年9月，某集团有限公司就某市税务局稽查税务行政管理向法院提起诉讼。起诉人诉称：2013年12月13日，被起诉人向起诉人做出〔2013〕8号《税务处罚决定书》，认定起诉人存在六项违法事实，并于同日做出〔2013〕27号《税务处理决定书》。起诉人不服《税务处罚决定书》向法院提起行政诉讼，法院驳回了起诉人的诉讼请求，后该省高级人民法院于2016年12月29日做出终字第247号《行政判决书》，判决撤销一审判决，驳回起诉人对《税务处罚决定书》第三项处罚内容提出的诉讼请求，撤销《税务处罚决定书》第一、二、四、五项处罚内容，确认《税务处罚决定书》第六项处罚内容违法。

被起诉人某市税务局稽查局在判决生效后，于2018年6月1日作出〔2013〕27-1号《税务处理决定书》，对原税务处理决定进行部分变更，起诉人认为某市税务局稽查局的该份处理决定程序违法且未根据该省高级人民法院生效判决认定的事实和规则对原税务处理决定进行审查，提出行政复议申请，该省税务局于2018年8月22日做出〔2018〕1号《驳回行政复议申请决定书》，起诉人对前后两次《税务处理决定书》均不服，因此诉至法院，请求撤销某市税务局稽查局做出的税稽处〔2013〕27号《税务处理决定书》、税稽处〔2013〕27-1号《税务处理决定书》。

（资料来源：根据中国裁判文书网"（2018）闽01行初393号"整理形成）

问题：

1. 案例中，行政相对人对《税务处罚决定书》不服，向法院提起行政诉讼，一审法院驳回了起诉人的诉讼请求，试分析该行政相对人作为起诉人的诉讼请求是否有法律依据？

2. 请问该起诉人能否因对前后两次《税务处理决定书》均不服，直接就原行政行为向人民法院提起诉讼？试分析原因。若不能，请说明应满足条件。

第九章　社会保险费和非税收入征管

第一节　社会保险费管理

2018年,党中央印发的《深化党和国家机构改革方案》明确规定:将省级和省级以下国税地税机构合并,具体承担所辖区域内各项税收、非税收入征管等职责;为提高社会保险资金征管效率,将基本养老保险费、基本医疗保险费、失业保险费等各项社会保险费交由税务部门统一征收。2018年7月20日,《国税地税征管体制改革方案》提出,先合并国税地税机构再接收社会保险费和非税收入征管职责,并规定从2019年1月1日起,各项社会保险费交由税务部门统一征收,对"依法保留、适宜划转"的非税收入项目成熟一批划转一批,逐步推进。随即,2018年8月20日,为落实党中央和国务院相关部署,国家税务总局、财政部、人力资源和社会保障部、国家卫生健康委员会、国家医疗保障局等五部门联合召开社会保险费和非税收入征管职责划转工作动员部署视频会议,对确保划转工作平稳落地进行布置安排。

然而,社会保险费征收体制改革后,税务部门征收社会保险费是否会增加企业社会保险缴费负担进而引发企业裁员和提高失业率,受到了社会各界的广泛关注。此外,由于国际上的反全球化浪潮、贸易战加剧等因素,以及由于国内经济结构调整压力、经济下行周期压力等因素,以中国政府对社会保险费的征收管理体制、具体制度内容进行了适时的调整。

一、社会保险费的征缴现状

社会保险费是指在社会保险基金的筹集过程当中,雇员和雇主按照规定的数额和期限向社会保险管理机构缴纳的费用,它是社会保险基金的最主要来源。也可以认为是社会保险的保险人(国家)为了承担法定的社会保险责任,而向被保险人(雇员和雇主)收缴的费用。

为减轻企业负担、优化营商环境、完善社会保险制度,2019年4月1日国务院办公厅印发《降低社会保险费率综合方案》,并自5月1日起实施,具体包括:

(一)降低养老保险单位缴费比例

自2019年5月1日起,降低城镇职工基本养老保险(包括企业和机关事业单位基本养老保险,以下简称养老保险)单位缴费比例。各省、自治区、直辖市及新疆生产建设兵团(以下统称省)养老保险单位缴费比例高于16%的,可降至16%;目前低于16%的,要研究提出过渡办法。各省具体调整或过渡方案于2019年4月15日前报人力资源社会保障部、财政部备案。

(二)继续阶段性降低失业保险、工伤保险费率

自2019年5月1日起,实施失业保险总费率1%的省,延长阶段性降低失业保险费率的期限至2020年4月30日。自2019年5月1日起,延长阶段性降低工伤保险费率的期限至2020年4月30日,工伤保险基金累计结余可支付月数在18至23个月的统筹地区可以现行费率为基础下调20%,累计结余可支付月数在24个月以上的统筹地区可以现行费率为基础下调50%。

(三)调整社保缴费基数政策

调整就业人员平均工资计算口径。各省应以本省城镇非私营单位就业人员平均工资和城镇私营单位就业人员平均工资加权计算的全口径城镇单位就业人员平均工资,核定社保个人缴费基数上下限,合理降低部分参保人员和企业的社保缴费基数。调整就业人员平均工资计算口径后,各省要制定基本养老金计发办法的过渡措施,确保退休人员待遇水平平稳衔接。

完善个体工商户和灵活就业人员缴费基数政策。个体工商户和灵活就业人员参加企业职工基本养老保险,可以在本省全口径城镇单位就业人员平均工资的60%至300%之间选择适当的缴费基数。

(四)加快推进养老保险省级统筹

各省要结合降低养老保险单位缴费比例、调整社保缴费基数政策等措施,加快推进企业职工基本养老保险省级统筹,逐步统一养老保险参保缴费、单位及个人缴费基数核定办法等政策,2020年底前实现企业职工基本养老保险基金省级统收统支。

(五)提高养老保险基金中央调剂比例

加大企业职工基本养老保险基金中央调剂力度,2019年基金中央调剂比例提高至3.5%,进一步均衡各省之间养老保险基金负担,确保企业离退休人员基本养老金按时足额发放。

(六)稳步推进社保费征收体制改革

企业职工基本养老保险和企业职工其他险种缴费,原则上暂按现行征收体制继续征收,稳定缴费方式,"成熟一省、移交一省";机关事业单位社保费和城乡居民社保费征管职责如期划转。人力资源社会保障、税务、财政、医保部门要抓紧推进信息共享平台建设等各项工作,切实加强信息共享,确保征收工作有序衔接。妥善处理好企业历史欠

费问题,在征收体制改革过程中不得自行对企业历史欠费进行集中清缴,不得采取任何增加小微企业实际缴费负担的做法,避免造成企业生产经营困难。同时,合理调整2019年社保基金收入预算。

(七)建立工作协调机制

国务院建立工作协调机制,统筹协调降低社保费率和社保费征收体制改革相关工作。县级以上地方政府要建立由政府负责人牵头,人力资源社会保障、财政、税务、医保等部门参加的工作协调机制,统筹协调降低社保费率以及征收体制改革过渡期间的工作衔接,提出具体安排,确保各项工作顺利进行。

二、社会保险费的征缴范围、缴费基数及费率

社会保险费主要包括由用人单位及其职工依法参加社会保险并缴纳的职工基本养老保险费、职工基本医疗保险费、工伤保险费、失业保险费和生育保险费。这些费用的具体内容和缴纳问题如下:

表9-1 各类社会保险费的含义与缴纳的基本问题

类型	基本含义
基本养老保险费	基本养老保险是由国家通过立法强制实行,保证劳动者在年老丧失劳动能力时,给予基本生活保障的制度。
	企业职工、机关事业单位工作人员应当参加基本养老保险,由单位和个人共同缴纳基本养老保险费。单位缴纳基本养老保险费的比例为本单位工资总额的16%,个人缴纳基本养老保险费的比例为本人缴费工资的8%,由单位代扣。
基本医疗保险费	基本医疗保险是由国家通过立法强制实行,保障职工基本医疗需求的制度。
	基本医疗保险实行社会统筹和个人账户相结合原则,保险费由用人单位和职工双方共同负担。用人单位缴费一般为职工工资总额的6%左右,个人缴费为本人工资的2%。
失业保险费	失业保险是指国家通过立法强制实行的,由社会集中建立基金,对因失业而暂时中断生活来源的劳动者提供物质帮助的制度。
	失业保险由用人单位和职工共同缴纳,有些省份规定本地区农民合同制工人本人不缴纳失业保险费、用人单位负担部分仍需缴纳。
工伤保险费	工伤保险是指国家通过立法强制实行的,由社会集中建立基金,对企业职工在遭受工伤事故和职业病伤害时,获得医疗保障和经济补偿,享受职业康复权利,分散工伤风险,促进工伤预防的制度。
	工伤保险费由企业缴纳,实行行业差别费率,征收标准为企业全部职工工资总额乘以行业差别费率,平均工伤保险费率一般不超过1%。
生育保险费	指国家通过立法强制实行的,由社会集中建立基金,维护企业职工的合法权益,保障企业女职工在生育期间得到必要的经济补偿和医疗保健的制度。
	2019年3月,生育保险基金并入职工基本医疗保险基金,统一征缴,统筹层次一致。按照用人单位参加生育保险和职工基本医疗保险的缴费比例之和确定新的用人单位职工基本医疗保险费率,个人不缴纳生育保险费。

三、社会保险费的征缴流程

社会保险费征缴的主要流程如下:

(一)缴费人识别

社会保险参保登记由社保部门实施,社会保险费缴费登记由税务机关实施。社会保险登记的主管部门是社会保险经办机构。社会保险登记实行属地管理,包括社会保险登记的变更及注销。

(二)申报核定

具体包括申报环节和核定环节。申报环节是缴费人履行缴费义务的法定手续,是征收机关确定应征费款、开具完费凭证、要求缴费人限期缴费的主要依据,同时也是缴费开始实质履行缴费义务的必经阶段。核定环节是指税务机关对缴费单位的缴费数额进行核定,开具征收缴款书。

(三)费款缴纳

缴费人报送的缴费申报表,经主管税务机关审查无误的,缴费单位个人必须于每月15日前,全额向主管税务机关缴纳社会保险费。

社会保险费实行属地征收原则。

利息、滞纳金的计算和缴纳。

社会保险费缓缴政策。缴费人因不可抗力无能力缴纳社会保险费的,经县级以上税务机关批准可以暂缓缴纳。符合缓缴条件的缴费人要向主管税务机关提出书面申请,并填报《社会保险费缓缴申请审批表》,符合条件的,由主管税务机关规定其缓缴期限。

(四)缴费检查

缴费检查的主体是相关有权部门,税务机关也有一定的检查权限。

缴费检查的客体是缴费人、代扣代缴义务人实际应缴费基数与缴费申报数或核定数是否一致,是否存在漏费和偷费现象。

缴费检查中发现未按规定缴费的,由税务机关责令限期缴纳;逾期仍不缴纳的,加收滞纳金。

(五)法律责任

对未按规定期限缴费申报和报送缴费资料的,拒不接受检查和不提供缴费资料的,有意隐瞒工资发放情况造成不纳或少纳社会保险费的,由税务机关责令限期缴纳。

单位缴费人、扣缴义务人和缴费担保人在税务机关规定的限期内仍不缴缴费款的,税务机关可依法采取强制执行。

第二节 非税收入管理

一、非税收入征管的历史沿革

"非税收入"首先出现在《财政部、中国人民银行关印发财政国库管理制度改革试点方案的通知》(财库〔2001〕24号)中。然后,在《关于2002年中央和地方预算执行情况及2003年中央和地方预算草案的报告》中提出要"确实加强各种非税收入的征收管理"。

2003年5月,财政部、国家发改委、监察部、审计署联合下发的《关于加强中央部门和单位行政事业性收费收入"收支两条线"管理的通知》(财综〔2003〕29号),首次界定了"非税收入"的范围,即"中央部门和单位按照国家有关规定收取或取得的行政事业性收费、政府性基金、罚款和罚没收入、彩票公益金和发行费、国有资产经营收益、以政府名义接受的捐赠收入、主管部门集中收入等属于政府非税收入"。

2004年7月,财政部下发了《关于加强政府非税收入管理的通知》(财综〔2004〕53号),对非税收入的内涵做了进一步明确的界定:"政府非税收入是指除税收以外,由各级政府、国家机关、事业单位、代行政府职能的社会团体及其他组织依法利用政府权力、政府信誉、国家资源、国有资产或提供特定公共服务、准公共服务取得并用于满足社会公共需要或准公共需要的财政资金,是政府财政收入的重要组成部分,是政府参与国民收入分配和再分配的一种形式。"同时,进一步明确了非税收入管理范围,包括:行政事业性收费、政府性基金、国有资源有偿使用收入、国有资产有偿使用收入、国有资本经营收益、彩票公益金、罚没收入、以政府名义接受的捐赠收入、主管部门集中收入以及政府财政资金产生的利息收入等,并强调社会保障基金、住房公积金不纳入政府非税收入管理范围。这表明非税收入作为一种财政收入形式正式登上中国的历史舞台。

2016年3月,财政部发布《政府非税收入管理办法》(财税〔2016〕33号)进一步明确"本办法所称非税收入,是指除税收以外,由各级国家机关、事业单位、代行政府职能的社会团体及其他组织依法利用国家权力、政府信誉、国有资源(资产)所有者权益等取得的各项收入"。并明确指出当前政府非税收入具体包括行政事业性收费收入;政府性基金收入;罚没收入;国有资源(资产)有偿使用收入;国有资本收益;彩票公益金收入;特许经营收入;中央银行收入;以政府名义接受的捐赠收入;主管部门集中收入;政府收入的利息收入;其他非税收入。这里的非税收入不包括社会保险费、住房公积金(指计入缴存人个人账户部分)。与2004年政府非税收入的内容相比,增加了"特许经营收入""中央银行收入"。这标志着中国非税收入管理工作进一步科学化、精细化。

2018年7月20日,《国税地税征管体制改革方案》正式公布并明确提出,先合并国税地税机构再接收社会保险费和非税收入征管职责,并规定从2019年1月1日起,各项社会保险费交由税务部门统一征收,对依法保留、适宜划转的非税收入项目成熟一批划转一批,逐步推进。

二、非税收入的征管现状

对于中国非税收入征管的现状,参考相关问题,本节概括如下。

(一)划转前税务机关对非税收入的征管现状

2010年10月,中国颁布了《中华人民共和国社会保险法》,自2011年7月1日起施行。这是新中国成立以来中国社会保障制度的第一部综合性法律,确立了中国社会保障制度的基本框架。社会保险法规定,国家建立基本养老保险、基本医疗保险、工伤保险、失业保险、生育保险等社会保障制度。其中,基本养老保险包括劳动者缴纳的基本养老保险、新农村社会养老保险和城镇居民社会养老保险;基本医疗保险包括劳动者缴纳的基本医疗保险、新型农村合作医疗保险和城镇居民基本医疗保险,经过十多年的实践,工伤保险、失业保险和生育保险制度也日渐成熟,社会保险征管制度也在逐步完善。

中国非税收入的取得是在政府提供公共产品和干预经济的过程中进行的。它与政府提供公共产品的性质、特征和方法以及政府对经济过程的干预密切相关。从政府提供的公共产品来看,政府的部分非税收入是行政成本补偿,例如各种行政事业收入等;另一部分属于政府履行职能的手段之一,如各种罚没收入;还有一部分属于国家所有权收益,如国有资产资源收益。

其中教育费附加是由税务机关负责征收,同级教育部门统筹安排,同级财政部门监督管理,专门用于发展地方教育事业的预算外资金。教育费附加由各地税务机关负责本辖区范围的征收。纳费人不按规定期限缴纳教育费附加,需处以滞纳金和罚款的,由县、市人民政府规定。海关进口产品征收增值税、消费税,不征收教育费附加。

残疾人就业保障金,简称残保金,是指在实施分散按比例安排残疾人就业的地区,凡安排残疾人达不到省、自治区、直辖市人民政府规定比例的机关、团体、企业、事业单位和城乡集体经济组织,根据地方有关法规的规定,按照年度差额人数和上年度本地区职工年平均工资计算交纳用于残疾人就业的专项资金。用人单位应按规定时限向保障金征收机关申报缴纳保障金。在申报时,应提供本单位在职职工人数、实际安排残疾人就业人数、在职职工年平均工资等信息,并保证信息的真实性和完整性。

废弃电器电子产品处理基金是国家为促进废弃电器电子产品回收处理而设立的政府性基金。基金全额上缴中央国库,纳入中央政府性基金预算管理,实行专款专用,年终结余结转下年度继续使用。自2014年6月1日起,基金缴纳义务人(以下称受托方)受外贸公司(以下称委托方)委托加工电器电子产品,其海关贸易方式为"进料加工"或"来料加工"且由委托方收回后复出口的,免征基金。

文化事业建设费是国务院为进一步完善文化经济政策,拓展文化事业资金投入渠道而对广告、娱乐行业开征的一种规费。缴纳文化事业建设费的单位和个人应按照提供增值税应税服务取得的销售额的3‰的费率计算应缴费额,并由税务局在征收广告服务业的增值税、娱乐业的营业税时一并征收。2018年国地税合并后,统一由各地税务局征收。娱乐业缴纳义务人未达增值税起征点的,免征文化事业建设费。自2019年7月1日至2024年12月31日,对归属中央收入的文化事业建设费,按照缴纳义务人应缴费额的50%减征。

工会经费是工会组织开展各项活动所需要的费用。工会经费的来源有五个方面:(1)工会会员缴纳的会费;(2)建立工会组织的企业、事业单位、机关按每月全部职工工资总额的百分之二向工会拨缴的经费;(3)工会所属的企业、事业单位上缴的收入;(4)人民政府的补助;(5)其他收入。工会会员缴纳会费是会员应尽的义务,同时也是会员在工会组织内部享受权利的物质基础。会费交纳的标准是根据不同时期会员的收入情况和工会工作情况,由全国总工会统一制定的。现行标准,工会会员每月应向工会组织缴纳本人每月基本收入千分之五的会费。工资尾数不足十元的不计交会费。只要企业发的是"工资",而不是奖金、津贴或补贴,就应按本人所得的工资收入计算交纳会费。会员缴纳的会费全部留在基层,用于工会开展活动,无须上交。行政方面根据工会法及有关法规的规定拨交经费。根据《工会法》的规定,凡建立工会组织的企业、事业单位和机关,应按上月份全部职工工资总额的2%向工会拨交当月份的工会经费,并由工会按有关规定逐级上解。县级以上地方总工会有权对行政区域内企业、事业单位和机关行政方面拨交工会经费情况进行检查。对逾期未交或者少交工会经费的单位,经屡次催交无效时,可以正式文件通知缴款单位的开户银行,由银行存款中扣交,并从当月的第16日起,每日扣收千分之五的滞纳金。修改后的《工会法》第四十三条规定,企业、事业单位无正当理由拖延或者拒不拨缴工会经费,基层工会或者上级工会可以依法申请支付令,直至申请人民法院强制执行。

(二)政府其他非税收入管理现状

纳入政府非税收入管理范围的项目包括行政事业性收费收入、政府性基金收入、罚没收入、国有资源(资产)有偿使用收入、国有资本收益、彩票公益金收入、特许经营收入、中央银行收入、以政府名义接受的捐赠收入、主管部门集中收入、政府收入的利息收入、其他非税收入等。

表9-2 非税收入的类型和含义

主要类型	含义
1. 行政事业性收费收入	行政事业性收费收入是指国家机关、事业单位、代行政府职能的社会团体及其他组织根据法律、行政法规、地方性法规等有关规定,依照国务院规定程序批准,在向公民、法人提供特定服务的过程中,按照成本补偿和非营利原则向特定服务对象收取的费用。
2. 政府性基金收入	政府性基金收入是指各级政府及其所属部门根据法律、行政法规和中共中央、国务院的有关文件规定,为支持某项特定基础设施建设和社会公共事业发展,向公民、法人和其他组织无偿征收的具有专项用途的财政资金。

续 表

主要类型	含 义
3. 罚没收入	罚没收入是指国家司法机关、依法具有行政处罚权的国家行政机关、法律法规授权的具有管理公共事务职能的组织等依据法律、法规和规章规定,对公民、法人或者其他组织实施处罚所取得的罚款、没收的违法所得、没收的非法财物及其变价收入等。
4. 国有资源(资产)有偿使用收入	国有资源有偿使用收入包括土地出让收入,新增建设用地土地有偿使用费,海域使用金,探矿权和采矿权使用费及价款收入,场地和矿区使用费收入,出租汽车经营权、公共交通线路经营权、汽车号牌使用权等有偿出让取得的收入,政府举办的广播电视机构占用国家无线电频率资源取得的广告收入,以及利用其他国有资源取得的收入。 国有资产有偿使用收入包括国家机关、实行公务员管理的事业单位、代行政府职能的社会团体以及其他组织的固定资产和无形资产出租、出售、出让、转让等取得的收入,世界文化遗产保护范围内实行特许经营项目的有偿出让收入和世界文化遗产的门票收入,利用政府投资建设的城市道路和公共场地设置停车泊位取得的收入,以及利用其他国有资产取得的收入。
5. 国有资本收益	国有资本收益包括国有资本分享的企业税后利益,国有股股利、红利、股息,企业国有产权(股权)出售、拍卖、转让收益和依法由国有资本享有的其他收益。
6. 彩票公益金收入	彩票公益金收入是指政府按彩票销售额的一定比例提取的专项用于支持社会公益事业发展的资金。2008年以前,彩票资金收入纳入财政专户管理,自2008年起全部纳入财政预算管理。
7. 特许经营收入	特许经营收入是指国家依法特许企业、组织或个人垄断经营某种产品或服务而获得的收入,属于政府非税收入的组成部分,主要包括烟草专卖收入、酒类产品专卖收入、免税商品专营收入、货币发行收入、印钞造币收入、纪念邮票(纪念币)发行收入、食盐批发专营收入等。
8. 中央银行收入	中央银行收入指中央银行在实施货币政策时所获得的各项收入,包括再贴现、再贷款利息收入、证券买卖收入、外汇交易收益、收费收入等,这些都形成财政收入。
9. 以政府名义接受的捐赠收入	以政府名义接受的捐赠收入是指以各级政府、国家机关、实行公务员管理的事业单位、代行政府职能的社会团体以及其他组织名义接受的非定向捐赠货币收入,不包括定向捐赠货币收入、不代行政府职能的社会团体、企业、个人或者其他民间组织名义接受的捐赠收入。
10. 主管部门集中收入	主管部门集中收入指国家机关、实行公务员管理的事业单位、代行政府职能的社会团体及其他组织集中所属事业单位收入,这部分收入也是财政收入,实行预算管理。
11. 政府收入的利息收入	政府收入的利息收入是指税收和非税收入所产生的利息收入,按照中国人民银行规定计息,统一纳入政府非税收入管理范围。
12. 其他非税收入	其他非税收入指未包括在上述事项中的非税收入。 其他非税收入包括主管部门集中收入和政府财政资金产生的利息收入。前者主要指国家机关、实行公务员管理的事业单位、代行政府职能的社会团体及其他组织集中的所属事业单位的收入。后者是指国库和财政专户中的财政资金,按照中国人民银行规定计息产生的利息收入。

此外,根据财政部公布的数据,基于这12大类,全国非税收入共计有92项,各省设立行政事业收费共360项、520小项。非税收入具有"种类项目多、征收主体多、缴费对象多、缴费环节多、政策口径多"的五"多"特点。由于长期以来地方政府财权与事权的不匹配,地方政府不断扩大非税收入的征收范围,造成非税收入在公共预算收入中的占比不断增加。在全面深化改革的要求下,提升非税收入征管效能、优化非税收入结构势在必行。

（三）政府非税收入项目征管的职责划转

按照党中央、国务院决策部署,2019年1月1日起由税务部门统一征收各项社会保险费和先行划转的非税收入,目前先行划转的非税收入进展顺利。

国家税务总局发布《关于将国家重大水利工程建设基金等政府非税收入项目划转税务部门征收的通知》,明确11项非税收入划转至税务部门征收。具体事项如下：

(1) 自2019年1月1日起,原由财政部驻地方财政监察专员办事处(以下简称"专员办")负责征收的国家重大水利工程建设基金、农网还贷资金、可再生能源发展基金、中央水库移民扶持基金(含大中型水库移民后期扶持基金、三峡水库库区基金、跨省际大中型水库库区基金)、三峡电站水资源费、核电站乏燃料处理处置基金、免税商品特许经营费、油价调控风险准备金、核事故应急准备专项收入,以及国家留成油收入、石油特别收益金,划转至税务部门征收。征收范围、对象、标准及收入分成等仍按现行规定执行。

(2) 税务部门按照属地原则征收划转的非税收入,具体征收机关由国家税务总局各省、自治区、直辖市和计划单列市税务局按照"便民、高效"原则确定。三峡电站水资源费的中央分成和湖北省分成部分,由缴费人向湖北省税务部门申报缴纳;重庆市分成部分,由缴费人向重庆市税务部门申报缴纳。

(3) 国家重大水利工程建设基金、农网还贷资金、可再生能源发展基金、中央水库移民扶持基金(含大中型水库移民后期扶持基金、三峡水库库区基金、省际大中型水库库区基金)、三峡电站水资源费、核电站乏燃料处理处置基金、免税商品特许经营费、核事故应急准备专项收入和国家留成油收入等非税收入的申报,统一使用《非税收入通用申报表》,石油特别收益金使用《石油特别收益金申报表》,油价调控风险准备金使用《油价调控风险准备金申报表》。

(4) 缴费人采用自行申报方式办理非税收入申报缴纳等有关事项。相关电网企业按照现行规定进行代征,并向税务部门申报缴纳。符合非税收入减免政策的,缴费人自行申报享受,相关资料由缴费人留存备查,并对资料的真实性和合法性承担责任。

(5) 各项非税收入缴纳期限按现行规定执行,期限最后一日是法定休假日的,以休假日期满的次日为最后一日,期限内有连续三日以上法定休假日的,按休假日天数顺延。

(6) 对于国家重大水利工程建设基金、可再生能源发展基金、省际大中型水库库区基金、大中型水库移民后期扶持基金、三峡电站水资源费2018年度的汇算清缴,缴费人向专员办申报办理。以后年度的汇算清缴,缴费人向税务部门申报办理。

(7)涉及误收误缴、汇算清缴需要退库的,缴费人向主管税务机关申请办理。涉及收入减免等政策性原因需要退库的,按照财政部有关退库管理规定办理。

非税收入的征收工作从财政系统转向税务系统,在增强征管能力的同时,也是非税收入征管体制改革开始的一个标准。

三、加强非税收入征管的完善建议

未来,根据当前非税收入征管的现状,完善非税收入征管的建议如下:

(一)完善非税收入的法律体系

非税收入的征管要做到有法可依,这既是完善国家治理体系的现实需要,也是征管过程中的迫切要求。因此,建立一套完备的非税收入征管法律法规体系,是国家治理能力提高、依法行政能力提高的主要体现。对此需要注意以下几点:(1)要将非税收入征管的全过程纳入法律范畴之内,确保非税收入征管的合法性。(2)在具体法律法规制定的过程中,应结合我国多年的征管实践,吸收国外的相关经验,确保法律法规的合理性。(3)在法律法规的具体实施过程中,既要保证非税收入的征管集中于税务部门,又要体现具体实施的因地制宜。不同地方的征管方式,应允许地区间有所差异。

(二)规范非税收入的预算管理

作为一项财政收入,非税收入要做到"取之于民、用之于民"。因此,在非税收入预算管理的过程中,应注意其预算法定性。政府在编制预算时,要对本年度所有收支情况进行统计分析,并分析各种财政收入(包括非税收入)所占的具体份额,以实现财政收支的统筹安排;在预算管理期间内,政府要预算好资金的统筹力度,建立合理的预算机制。同时,在预算期间,还要建立针对非税收入的规范制度和编审程序,保证政府非税收入制度在制定期间能通过相关政府的审核。同时,要通过预算合规性,确保政府非税收入在审议方式中的合规性。

(三)完善非税收入征缴的过程管理

完备的征缴管理体系不仅能够提高非税收入的征缴管理效率,还能够有效节省征缴管理的人力和时间。对此,一方面,在征缴过程中要充分利用网络优势,建立电子化的征缴系统,加强对资金信息的动态监督、收入进度跟踪,同时,利用网络优势简化支付手续,加强对支出的程序进行规范。另一方面,要加强对财政收入的管理工作,结合企业的财务情况,对财务票据的操作流程进行规范,细化操作的步骤,加强对财政票据体系的建设工作。对此,要通过对计算机票据的领购和保管等进行动态的管理,达到以票管收的目的。在对财政票据进行规范时,还建议设置专业化的票据管理台账,完善票据的领购程序。

(四)加强非税收入征管的综合监督管理

对非税收入征管进行监督,可以更好地确保非税收入工作的透明性。具体监督措施包括两方面：(1)加强风险管理。(2)加强与外部的信息共享与提供。例如，在政府非税收入预算编制以及具体实施过程中，应积极接受人大的监督，对于人大所提出的相关建议，应充分考虑。同时，应拓宽社会团体、人民群众对于非税收入的监督渠道，对于非税收入征管过程中出现的问题，可以通过上访、电子信箱、公众号平台等多渠道进行反映，及时避免征管过程中违法违规行为的发生。

[延伸阅读]

实现社会保险统一的征收体制将是中国实现社会保险全国统筹化的主要改革方向，提高征缴效率是改革过程中的重要意义。据了解，现阶段社会保险的统一征收体制已经提上了议事日程，多个部门联合进行了相关文件的制发，同时下发了相关方案，推动各部门的大数据共享平台建设。

在国际惯例中，社保税属于所得税形式，也就是说以个人所得为基础。在个人社保税缴纳的过程中，应该以固定的税率为系数进行科学的计算，征收和发放过程中按照统一的编制执行。因此，纳税人在缴纳过程中，无论是在什么地方、什么地区都可以进行相关的社会保险的征收和缴纳，同时可以避免人员流动过程中社保转移续接的问题。比如纳税人从深圳、甘肃到北京来，就可以在北京直接享受，因为税是交到中央金库的，在全国任何地方都可以享受。而现阶段各个省份之间是不通的，由税务部门征缴的话，流动人口可以在各省之间进行自动划转，可以随时进行社保费用的转移。

中国各个地区的发展水平不同，社会保险费用缴纳过程中的比例也存在着较大的差距，按照统一的标准征收和发放，部分较为发达地区的退休纳税人的养老金不能满足自己的实际生活需要，不够实际的花销。而社会保险费用的征缴目的，则是保证退休纳税人的基本生活需要，这就对社会保险费用的征缴起到一定阻碍作用。有关专家提出采用商业保险的方式是一种很好的保障，或者采用补充保险的方式来解决相应的问题。

同时，在社会保险费用的征缴过程中还没有确切的法律进行社会保障，这也导致社会保险费用的征收难以覆盖到全部人员，对于收入分配差距的问题难以进行解决。而采用税收的方式进行征收具有一定法律程序依据，具有更高的稳定性，对于社会保障税的开征有可靠的保障。

（资料来源：根据胡永飞等《社会保险费征缴体制现状与改革趋势探讨》一文整理形成，《管理观察》2019年第8期：100—101页）。

练习题

一、名词解释

社会保险费　　　　非税收入　　　　行政事业性收费收入
政府性基金收入　　罚没收入

二、简答题

1. 简述社会保险费的征缴范围。
2. 简述社会保险费的征缴流程。
3. 简述非税收入的内容。
4. 简述政府非税收入项目征管职责划转的内容。
5. 简述如何规范非税收入管理。

三、案例分析

2019年12月,国家税务总局某市税务局第二稽查局(申请人)以被申请人尚欠税金及滞纳金、罚款合计2 060 690.74元至今未付,且在法院有多起案件未履行,严重损害申请人合法权益为由向法院申请对被申请人进行破产清算。法院立案审查期间,被申请人某制造企业未提出异议。

法院查明:被申请人某制造企业成立于1984年8月6日,为股份合作制企业,经营范围为汽车配件、摩托车配件、农机配件制造;货物进出口、技术进出口。2011年4月1日,当地税务局做出《税务行政处理决定书》,向被申请人追缴增值税217 348.42元及滞纳金;做出《税务行政处罚决定书》,处罚款217 348.42元。2012年2月3日,该市税务稽查局做出《税务处理决定书》,追缴税费及滞纳金615 564.02元;做出《税务行政处罚决定书》,予以罚款185 583.75元。2018年4月8日、2019年6月5日,税务部门两次书面催告被申请人履行义务,但被申请人未予履行。2018年9月,税务机关改革后,申请人承担了该市税务局非税收入违法案件的查处及查办案件的执行工作。另查明,被申请人涉多起欠债仍在法院强制执行中,其主要财产土地所有权已被执行查封。

(根据中国裁判文书网"(2019)浙1021破申43号"整理形成)

问题:

1. 试分析该被申请人行为是否构成逃避追缴欠税罪,并说明理由。
2. 根据以上分析,该法院是否应当受理对被申请人某制造企业破产清算的申请?

第十章 税收管理现代化的特征与展望

第一节 税收管理现代化的要素和特征

伴随着信息化、电子化、人工智能与个性化需求时代的到来,税收管理的现代化越来越重要。总结起来,税收管理的现代化具有自身的要素和特征。

一、税收管理现代化的要素

对于现代化的税收管理,结合国内外的情况,一般而言具有以下几个方面的构成要素。

(一)法治化

税收管理首先要体现法治化的精神、满足法治化的要求。因此,中国要不断加强税收立法,用法律的形式清晰界定征纳双方的权利和义务,明确法律责任,确立纳税人在税收管理上的"主体"地位。其次,要落实税务行政审批制度改革要求,全面梳理涉税审批事项,科学界定税务部门依法行政的主要职责。这些职责就是——税务部门负责事前制定规范,以法律形式规定纳税行为,纳税人依法办税,税务部门事后监督、确认、评价。在此过程中,税务部门向纳税人提供规范化的政策服务和多元化的办税选择,促进纳税人"自主遵从税法"。最后,强化法治化,可以避免特殊税务问题的存在。对于已存在的问题、由于经济组织形式发生改变带来的税务难题、处理争议,考虑建设各省份或是总局的"专家团"定期讨论(或是形成由"税务争议仲裁"或是"税务争议审判庭"裁定的结果),并将经验推广到全国,减少部门"自由裁量权"过大造成的违反税收法治化的问题。

(二)服务化

未来的纳税服务需要从搭建"标准化服务平台"着手,逐步实现纳税服务的现代化、便捷化和及时化。具体而言:(1)对于办税服务厅平台,要把主要功能逐步由申报办税发展为约见场所、现场解决与处置场所,为纳税人提供个性化服务;(2)对于网络办税平台,要加强网上办税厅建设,打造具有业务受理、网上教学、政策宣传、资料下载等功能的一体化网上办税厅,实现便利化;(3)对于咨询服务平台,要加快12366纳税服务热线建设,提高专业化、标准化和客服化程序,要注重运用 QQ、微博、微信等新媒体,加强税收宣传服务工作;(4)完善纳税人的反馈服务平台。对于纳税人,除了常规的服务之外,还需要建设反馈服务平台。这一平台主要是用于维权服务和疑难税收问题的解决。对于"维权服务",考虑建设纳税服务投诉处理工作、结果反馈制度,探索建立"税务争议仲裁"或是"税务争议审判庭",疏通纳税服务投诉渠道;对于"疑难税收问题的解决",可以考虑定期解决问题的疑难税收的处理问题,特事特定、特事特办。

(三)规范化

税收管理工作的规范化是全面提高税务机关行政工作效能的重要保障。为此,未来的税务工作必须要以行政规范化管理为保障、以业务规范化管理为抓手。具体而言:(1)规范税收执法,明确岗位职责。对税务规范性文件、税务行政自由裁量权进行认真研究分析,找出监控点、风险点,制定、完善相关政策。以最大限度保护纳税人的合法权益,最大限度降低税务人员的执法风险。(2)定期实现岗位流动和风险管理评估,提升内部控制能力、预防腐败行为。(3)通过业绩考核、群众测评、评聘分离、竞争上岗、定期的绩效评估和合约管理等措施,不断促进规范化,提升工作效率。

(四)透明化

税收管理工作涉及纳税人的切身利益,同时也涉及政府与企业之间的利益分配,甚至涉及纳税人之间的利益分配。与此同时,税收管理工作还涉及税收工作的全流程和合规性。因此,做好各种事项的透明化、强化依法透明行政,是现代税收管理的重要保障。这也是减少税收管理工作中"自由裁量权"滥用、预防腐败的重要方面。因此,对于重要的税收事项,应不断强调透明化管理,包括人事的公示任命、重大疑难税务事项的公开讨论、征求意见、其他涉税事项的公开,乃至透明高级别公职人员的薪资待遇、绩效待遇等。这些透明度的要求,都是未来完善税收管理,满足国家治理能力提升的重要内涵。

(五)信息化

推进"金税三期"工作,加强全国统一的税收征管信息管理系统的持续升级和优化。信息化的税收管理工作,既有利于加强跨地区的税收征管,提高信息管税水平,又有利于信息的共享和跟踪、提高办税的效率。其次,在新时期,要不断将信息技术的最新成果应用于税收征管,还要不断加强综合治税建设和税收信息集成——通过立法明确与金融部门、市场监督管理部门、房地产管理部门等单位的信息共享和协作,强化信息化时代的税收协同治理。最后,在以法律形式明确各部门提供信息职责的基础上,全面采集涉税数据。据此,不断提高涉税相关数据的加工分析能力,提升数据采集质量和增值应用、强化反避税管理和数据信息的共享,持续不断地利用信息化手段增强税收管理水平。

二、税收管理现代化的特征

基于现代税收管理的要素,一国比较好的税收管理一般具有如下的特征。

(一)税收法定程度高、遵从度高

税收从可能到实际、从法律条文到政府(国家)收入、从纳税人所有到政府(国家)所有、从应当到实现,是一个通过税务机关和相应工作人员执法实施的过程。这也是通过全体纳税人及扣缴义务人等遵从执行、并依法定与规定形成收入的过程。在这个过程中,税制影响着税收结果的公平、效率,税收征收管理的有效性体现着税制的优化程度。这两个方面决定税收管理现代化目标实现的核心要素。而在这其中,税收法定程度和税收遵从问题决定着税制的执行与税收征收管理工作的实施。

税收现代化的总目标是提高税收法定性、强化依法治税、提高税收遵从度;工作性目标是各个税种的法定性,以及征收管理过程中涉及各个环节和问题处理的法定性。税收的总体目标和工作性目标架构,形成现代化的税收目标体系。[①]

(二)业务流程有定期完善的自觉性

现代税收管理的核心程序由五个基本程序构成:纳税人自我评定程序、税务机关的税收评定程序、税款的追征程序、违法调查程序、争议处理程序。这五个基本程序相互联系,构成了现代税收管理的核心业务流程。在五个基本的程序中,每个程序还有更多细节性的子程序、并有交叉循环。为此,对于具体的细节性程序,每隔3—5年需要进行税收管理业务的重组、征管流程的再造,以不断满足社会发展的需求。而这个过程是体现税收管理核心竞争力、促进税收管理现代化的现实需求。另一方面,在业务成熟和风险评估的基础上,外包一部分税收业务是提高税收管理水平的现实需求。外包税务机关的部分职能,是改善纳税服务供给机制、提高纳税服务质量、降低税收征管成本的重要方式之一。这在各国税务机关的实践中发挥出越来越显著的作用。因此,考虑一部分税收管理服务的外包,也是业务流程进行定期改造的重要方面。

(三)征税机构设置的科学合理

在征税机构设置方面,根据未来信息化的需求,完善征税机构设置是主动推动税收管理现代化的现实需求。这一方面,结合行政体制改革和税收管理现代化改革的需求,完善征管机构设置、适应新的发展需求是税收管理现代化的特征之一。

(四)拥有高素质的人才梯队

现代化的税收管理必须拥有梯队完备、专业素质优良的税务人才队伍。对此,现

---

① 本节部分内容根据张斌《改革国税地税征管体制推进税收管理现代化》一文整理形成,2018年《中国财政》第17期:36—37页。

化的税收管理必须要：(1) 持续实施"人才管税"战略，拥有推进人才计划、梯队人才培育计划等战略；在专业人才的使用和评聘方面，强调提高专业要求，配套相应的福利待遇。(2) 深入推进绩效管理和改革聘用制度，避免"逆淘汰"。完善日常化、累积化、可比化的数字人事制度体系，加快人事考核和优化人才的配置、晋升。同时，将绩效考核和绩效管理的结果作为职称、职务晋升的必要依据。(3) 加大税务部门与政府各个部门的人才交流制度。在编制和工资经费限额内，对专业性较强的职位实行向高校、行业机构、企业等部门实现聘任制，解决专业人才不足的问题。

（五）适时应用现代信息技术

随着计算机与社会各个领域的融合应用，信息化、智能化带来了社会生活的深刻变化，大大加强了信息交流，提高了社会生活的便利性。现代化的税收管理必须要拓展应用现代信息技术，提高管理服务的效率和有效性。对此，各国税务管理部门在纳税服务、税收管理中都全面应用信息技术，并不断改善信息技术与税收管理业务的融合程度，运用信息技术重塑传统业务流程。

在 2010 年以来，随着大数据、人工智能、区块链技术的不断成熟，基于互联网技术的纳税服务和税务管理成为各国税收管理信息化的重头戏。对此，在新的信息化时代，变革和完善中国的税务管理、完善税制征管手段是中国纳税服务提升和税收管理现代化的必然要求。

与此同时，税收管理工作不限于税务部门的工作，实现税务部门与纳税人经济行为相关数据的联通和集合，构建税收大数据信息是加强税收管理的基础工作。而只有获得纳税人全面的经济数据信息，才能够提高税收征管的科学性、公平性和有效性。

第二节　中国税收管理现代化的趋势与展望

2017 年以来，随着中国各项改革的深化推进，税收管理现代化的进程不断推进。目前，对于税收管理，中国的总体要求是"以依法征管、权责清晰、科学效能为原则，坚持问题导向、顶层设计、统筹实施，按照'放管服'改革要求，以推行纳税人自主申报纳税、提供优质便捷办税服务为前提，以分类分级管理为基础，以税收风险管理为导向，以现代信息技术为依托，推进税收征管体制、机制和制度创新，努力构建集约高效的现代税收征管模式，进一步增强税收在国家治理中的基础性、支柱性、保障性作用"。中国国家税务部门也在不断推进税收管理的现代化。而结合当前的实际和未来的需求，前瞻中国未来税收管理现代化的发展趋势和改革发展如下。

一、中国税收管理的成就

改革开放以来，中国的税收管理取得了重要的成就，以时间轴为主线，总结概括如下。

(一)税收征管法制建设从无到有

1986年4月,我国《税收征收管理暂行条例》出台,对应税收征管实践的经验积累和法制建设的需要;1992年税收征管法的制定和实施是中国税收法制建设的重大突破,标志着依法治税前进了一大步,用法律形式对税收管理进行了规范和固定;2001年4月28日第九届全国人大常委会第二十一次会议对税收征管法做出了较大幅度的修订。2013年5月形成《税收征管法》修订案(送审稿)上报国务院,2013年6月国务院法制办开始征求相关部委及社会各界的意见建议。2015年4月24日,第十二届全国人民代表大会常务委员会第十四次会议对《税收征管法》小改。目前,税收征管法修订正在进程之中。

(二)税务机构设置相应调整

1994年分税制财政管理体制改革的主要内容是在税制改革的基础上,将所有税收按税种划分为中央税、地方税和共享税。在当时的背景下,财税体制改革的一个重要目标是"增强财政的再分配能力和中央财政的宏观调控能力"。具体要求是:提高财政收入占GDP的比重和中央财政收入占全国财政收入的比重。相应地,为了保证中央政府税收收入的及时足额征收,同时加强地方税的征收管理,省及省以下税务机构分设为国家税务局和地方税务局。

作为分税制改革的配套措施,在当时的历史条件下,国地税机构分设对于发挥中央和地方两个积极性,提高"两个比重",保证分税制财政体制的运行发挥了应有的作用。然而,国地税机构分设也带来很多问题,其中最突出的是两套机构同时负责税收征管造成了较高的征纳成本,分设机构带来的执法尺度、征管流程、信息化系统不统一、人员规模庞大等问题。这些问题不利于发挥市场在资源配置中的决定性作用。

而2018年国税地税征管体制改革是在党和国家机构改革统一部署下统筹推进的改革措施。这不仅有利于降低征纳成本,理顺职责关系,提高征管效率,为纳税人提供更加优质高效便利服务,同时也将为进一步推进税制改革提供更好的征管制度保障。完善征管体制改革是推进税收管理现代化,加快建立现代财政制度的必然要求。

(三)税务管理模式日益完备

中国在1988年提出"三分离"或"两分离试点",进而在1990年9月提出在全国进行推广,改变了新中国成立以来的"一员入厂、各税统管"的税务管理员模式。在探索了近10年的基础之上,1997年2月,以纳税申报和优化服务为基础,以计算机网络为依托,集中征收,重点稽查"30字"的征管模式正式由国务院批准,影响中国税务管理10多年;这一模式在2004年,增加了"强化管理"进一步形成了"34字"征管模式;2012年7月,全国税收征管工作议提出"构建以明晰征纳双方权利和义务为前提,以风险管理为导向,以专业化管理为基础,以重点税源管理为着力点,以信息化为支撑的现代化税收征管体系",深化征管改革。

（四）金税三期工程的信息化推进快

在信息化建设方面，1994年5月提出进行"金税工程一期"建设。2001年，开始运作金税二期工程，从开票、认证、报税到稽核、稽查等环节进行全面监控，主要监控对象仍是增值税专用发票。2001年11月，时任国务院总理朱镕基视察金税工程，以"金税工程是增值税的生命线"的说法给予高度肯定。2009年12月24日，时任李克强副总理在国家税务总局考察指出，要深入推进税收信息化和专业化管理，加快金税三期工程信息系统的集中统一管理，不断提高管理质量和效益。2016年10月金税工程三期全面上线，成为支撑中国当前税收管理的核心信息化平台。2019年3月1日起，中国上线金税三期（并库版），将金税三期原国税系统和原地税系统两个数据库合并成一个数据库，同时对征管流程和"岗责体系"进行梳理和配置，实现岗位设置、工作流程以及参数配置等统一。

（五）平台经济与电子发票推动税收管理变革

2017年以来，网络平台经济蓬勃发展。与此同时，电子发票、税务文书电子送达、区块链技术等促使税收管理朝向"互联网＋税收"方向变革，产生了高度信息化的外在需求。平台经济是一种基于数字技术，由数据驱动、平台支撑、网络协同的经济活动单元所构成的新经济系统，是基于数字平台的各种经济关系的总称。而随着"互联网＋"、平台经济的蓬勃发展，电子发票成为主流发票形式的趋势已经越来越明显。众多电子发票服务商联合各种社会资源都在不遗余力地加快电子发票的推广和普及。

"互联网＋税务"便利化了经济活动，而利用"区块链＋电子发票"思维，将区块链技术应用于电子发票管理领域。预计其有效解决电子发票管理过程中面临的痛点和难点。对此，建设"互联网＋税务"、"区块链＋税务"，成为当下和未来税收管理变革的现实需求。

二、展望中国税收管理的改革需求

展望未来，中国的税收管理需要在以下方面进行完善，具体包括：

（一）完整、科学、规范、高效的征管体系亟待完善

理论上，税收法律体系应当由税收总则、各个税种实体法、税收征管法等组成，构建完整、科学、规范、高效的税收法律体系。但在目前，中国缺乏税收基本法，还有较多的税种没有立法，使得部分税收文件的法律级次比较低。这不利于完整的税收征管体系建设，也使得税收管理现代化的建设进程缓慢。

此外，税收管理现代化是一项系统工程，在税务机关和中介代理机构之间建立良性互动机制的同时，还要建立由市场监管、金融、公检法、海关等有关部门参与的综合治税网络。目前，中国存在部门之间信息分割、相互不连通的问题，综合的治税、管理网络缺乏，不利于完整的税收征管体系建设、涉税信息获取和开展反避税工作。

（二）机构改革限于"同职同构"的行政架构

限于传统的"同职同构"的行政架构，中国各个地区税务机构的设置是按行政区划来实行的，从省、市、县逐级设立，同职同构。这不利于地区间的税收协调和信息共享，不利于跨区域的信息管理和税收服务，也不利于机构的精简和化解冗员问题。同前面的观点，未来设置区域性的税务机关——如长三角税务局、环渤海税务局等，解决信息分散、重复征管、税收竞争等方面的问题，是中国税收管理中机构改革的重要内容之一。

（三）全民的税收遵从意识和环境亟待塑造

全民的税收遵从意识还不强，企业主和个人"逃税耻辱、纳税光荣"的意识还没有深入人心、侵入血脉。从中小学到大学，针对公民的纳税遵从教育还没有全面、深入地铺开，优良的税收环境还没有形成。个体业主和高收入人群偷逃税的现象还比较常见，但全社会还没有形成有效的制度、文化和环境约束措施。文化环境的缺失、制约措施的缺乏，是未来中国税收管理外部环境必须要解决的基础性问题。

（四）税务人员专业素质和人员结构有待优化

目前，我国税务机构的人员规模比较大，全部人员规模达到100万。在少数基层税务机关存在专业人员中高素质群体规模偏小、机构相对冗员的问题。随着信息化建设的推进和"金税三期"工程的建设，税务部门相对而言存在总体人员较多、高端人才与一线征管人才缺乏的现象，特别是在省、市的机构部门之中。而在顶层的总局和基层一线，征管、稽查、服务、专业指导人员相对不足，熟悉税收业务、解决疑难问题的一线征管人员相对紧缺。另一方面，对于专业人员而言，少数地区存在考核激励的识别不明确、激励制度不健全、梯队建设的长远规划不足、公务员管理模式下流动性差等问题。这些方面，都对中国税收管理工作产生了一定的不利影响，税务人员专业素质和人员结构有待进一步优化。

（五）专业税收教育与实践融合难

对于培养财税专业人才的高等院校，在科研导向、学科排名导向下，专业教学型人才相对比较缺乏。目前，各院校熟悉税收业务、拥有税务师证书或是注册会计师证书的税务专业师资比较紧缺。在专业教学水平的提升方面，在培养、储备优秀师资方面，高等教育领域税收教学型专业师资的投入相对欠缺。另一方面，片面追求博士学位、固定教学安排，导致实践部门的专家学者难以进入高校任教，政府与高校之间难以形成教学和研究的"旋转门"。这也使得大学"象牙塔"里面的专业税收教育与实践融合存在一些困难。

（六）数字时代带来征管改革的新需求

共享经济因其交易模式影响范围广、活跃程度高的特点，备受市场关注。然而其税收核心要素难以确定,是未来完善征管需要解决的问题。其他人工智能、大数据、云计算和物联网的未来发展日益蓬勃,均为前沿产业,均对现行的征管制度提出了新的改革要求。特别是人工智能,可以预计机器将在越来越多的任务上达到甚至超越人类的表现;甚至出现了人工智能与人的大脑深层神经的链接,这势必带来社会行业产业发展的特殊变化,也会对社会伦理与社会运行产生深刻的变化。在人工智能高速发展的时代背景下,这些前沿产业对于企业和税务部门的工作产生了深刻的变化。前期,中国税务机关制定了"互联网+税务"行动计划,取得了一定成绩。但仍存在税收法律体系不健全,智能化程度较低、人才匮乏、响应智能时代的税收研究和征管反馈慢等问题。

三、完善中国税收管理现代化的思路

结合内生的改革需求和外在的时代需求,完善中国税收管理现代化的战略思路如下:

(一)基本实现税收征管的法制化

展望未来,中国应该着力加强系统化的税收征管体系建设,构建完整、科学、规范、高效的税收实体法律体系和现代税收管理程序法律体系。未来要渐进性地将现有的税种全部完善立法。具体而言,要在十四五期间将"增值税、消费税"等没有立法的税种加快立法。同时,加快修订税收征管法,使得税收管理行为都要以法律为依据,税收管理资源的配置应以"有利于税收法制目标的实现"为准则。

另一方面,探索设立"税务争议仲裁"或是"税务争议审判庭",或是考虑在国家税务总局设立"税收法律办公室",考虑在税收征管法中形成"双面权力保护"——既要有维护税务机关权利的一面,又要有维护纳税人权利的一面。应将纳税人权益保护理念融入税收法律体系的血脉中,构建科学、合理的纳税人权益保护机制,有效防范在税务行政法律关系中处于强势地位的税务机关侵犯纳税人的合法权益,强化纳税人权益保护。

(二)优化机构改革、实现专业化管理

未来不断完善机构改革,在内部机构设置上呼应信息化和"互联网+"的需求;在外部机构设置上,根据区域经济协同和服务税源管理的需要逐步进行完善。

通过机构的不断完善,积极实现税源的专业化管理、单一化管理,而不是分区域的多头管理。税收的专业化管理,特别是税源的专业化管理,是税收管理现代化的重要内容。未来的税源专业化管理要由专业的人办专业的事,实现内设机构设置的专业化、岗位设置与纳税服务的专业化、纳税评估的专业化、风险管理的专业化、信息集合和传授的专业化、绩效和人力资源考核的专业化、数据集成的专业化、税收预测与政策分析的专业化,以不断满足管理职能专业分工的现实需求。

具体而言,中国未来的机构改革,可以考虑:

1. 设置大区级的征管机构

将来条件成熟,可以考虑设置大区级的税源征管机构。目前,中国主管税务局的划分是根据行政区域划分,该管理模式意味着如果公司想要在同一个城市将公司注册地

址从一个行政区搬到另外一个行政区域,需要变更主管税务局。需要从现有的主管税务局注销,然后到新的主管税务局登记。该种管理模式十分复杂,消耗纳税人以及税务机关的时间。目前,北京、青岛等多处地方为深入贯彻"放管服"改革精神,在电子税务局推行"跨区迁移"网上自助办理功能。2019年8月9日,国家税务总局广州市税务局发布了《粤港澳大湾区税收服务指南》,为开展大湾区科技发展企业所得税优惠政策和支持港澳青年创新创业个人所得税政策进行宣讲与解读。

譬如在税收征管体制完善方面,为进一步促进大湾区、环渤海地区等地区的统筹协调,可以考虑设立大区级的征管机构或是综合性协调性机构,以便加强税务合作,简化纳税人办事程序,畅通信息沟通。其他区域性的税收机构可以考虑设立综合性协调性机构,促进区域经济的一体化和经济行为的便利化。

2. 加强税务机构与财政部的合署办公机构

一方面,考虑设置税务总局与财政部合署办公机构。具体地,建立由顶层设计牵引、共同部门参与的合署机构,是未来税务机构改革的重点。财政部税费政策的制定可与税务局总局的政策法规部门建立共同工作的合署办公室。这一办公室的职能是:(1)统一对同一税费经济行为的政策口径;(2)共同制定相应的政策措施;(3)通过部门的信息沟通、联通机构,形成有效的政策协调和合力。省级及至县级的机构依次递推设立。

另一方面,考虑设置税务总局、海关总署与财政部的司局合署办公机构。在税务部门与财政部门合署的基础上,对于关税和涉外税费的征管,建议成立包括税务总局、海关总署与财政部司局的合署办公机构。这一合署办公机构包括:(1)统一对外关税政策的口径,形成针对外部贸易情况改变的迅速反应机制;(2)解决涉外税收管理中的特殊问题,制定共同应对的政策措施;(3)构建"走出去"企业的综合涉外税收的服务和治理机制。省级及至县级的机构依次递推设立。

3. 从"橄榄型"的人员机构配置转为"哑铃型"

目前,中国的税务机构存在顶层机构人员不足的问题。对于税务总局而言,存在政策制定研究人员相对不足、税收分析中定量评估人员相对不足、政策协调与征管信息沟通不足等问题;同时还存在一线基层征管人员(税务所)相对欠缺的问题。对此,中国目前的税务机构呈现出明显的"橄榄型"状态——即呈现两头人员不足、中间省、市、县税务机构相对较大的问题。未来,借鉴美国国内收入署,可以考虑增加两头的人员——增加总局人员的配备、增加基层税务所人员的配备,削减省、市、县税务机构的人员配备,形成"哑铃型"的人员机构配置是中国未来税收征管体制改革的趋势。

最后,对于一些基层部门难以解决的维权服务问题、投诉争议和疑难税收问题,可以考虑在国家税务总局设立"税收法律办公室",试行税收事先裁定制度,针对全国税法做统一解释和服务问题,解决维权服务的争端解决和疑难税收问题。

(三)培养全社会的纳税光荣意识

将税收"为国聚财,为民收税"的宣传深入到基础教育的始端,贯穿于基础和大学教育的全过程,努力培养全社会的纳税光荣意识、税收遵从意识。除了定期的税收宣传月之外，融入教育全过程的税收遵从教育是提升全社会纳税环境的重要方面。另一方面，除了通过教育、文化塑造环境之外，建议完善法律框架，加强针对税收法律违法违规问题的处理，纳入纳税信用管理；完善税收制度顶层设计，强化信息的收集和分享，同时积极利用技术手段做支撑——建立健全组织和个人涉税数据信息的收集和整合，强化反避税管理的基础工作。

（四）加强"互联网＋税收"的信息化建设

面对大数据、人工智能、物联网、区块链技术的突飞猛进，协调机构改革做好税收信息化工作。首先，区块链技术突破了传统发票对客户端、税控器具的要求，不再对票量、票额进行限制，更有效避免了虚开发票、虚假发票、一票多报、虚报虚抵的风险，使得票据和经济行为相符。对此，对接区块链，完善税收管理是现实的要求。其次，完善好全国集数据存储中心、数据加工中心、数据分析中心、情报交换中心等四位一体的现代化数据处理中心，实现大数据时代下税收管理的数字化、网络化、智能化、分享化。并且在数据库中纳入企业和个人的其他涉税经济数据。通过这样的网络信息化数据形成完整的税收管理体系，为税收稽查和反避税管理提供基础的数据支撑。最后，利用人工智能的海量处理能力、自我更新的分析能力、仿生的快捷反应能力等优势，不断提高税收管理的服务水平和处置能力。

（五）加强中高端税收专业人员的培养

完善高素质人才培养和发展机制，不断提升已有财政学、税收学专业的人才水平。要按照"问题立地本土、方法对接国际"的要求使其既熟悉中国的财税制度，又熟悉量化分析的方法，为税收管理现代化事业输送中高端的人才。

譬如在方法上，在税收政策效应分析方面，基于投入-产出表的可计算一般均衡模型（CGE）是比较好的方法；在税收预测方法，时间序列和向量自回归模型（VAR）是比较好的方法；在不同政策规则和政策模式选择方面，动态随机一般均衡方法（DSGE）是比较好的选择。然而，目前熟悉这些方法的高端人才，无论是在国家税务总局，还是在各省级税务部门和地市税务部门，还十分稀缺。

对于实务性的人才，采取集中培训、网络学习和竞赛考试考核、晋升考试考核等方法，加强系统内存量人才的培养。最后，不断健全人才的绩效考评和使用机制，健全税务干部的激励制度，将优秀的人才放到合适的岗位，杜绝"逆淘汰"的人才使用状况。

（六）吸收外部优秀人才服务税务机关

在人才培养上，努力打造具有国际视野、战略思维、德才兼备、精通业务、善于管理的税收管理现代化人才队伍。在税收信息化管理、税收经济分析、税收风险评估、国际税收管理等领域，充分发挥现有人才的创新引领和示范作用。这其中，可以吸收企业、行业中介机构、高校税收人才进入税务机关，解决政府部门缺乏"既懂税收又懂人工智能"的人才不足问题，形成一个"旋转门"。

总之,税收管理现代化是一个永恒的课题。解决当前的问题是为下一个阶段做好准备,迎接下一阶段的到来。我们需要不断地发现税收管理中的问题、总结问题和解决问题,永远走在时代的前列。

这也许就是我们税务工作者的光荣之处!也只有税收人发扬夙兴夜寐、不断努力的忘我工作精神,我们的人民才会百分之百的愿意"用税收换取文明"。

[延伸阅读]

新加坡自1959年获得自治以来,由一个经济十分落后、经济结构单一、转口贸易作为经济支柱、工业基础极其薄弱的贫穷国家,跻身于亚洲富国的行列。2008年新加坡政府实施了"政府盈余全民分享计划",仿照企业将盈余回馈给股东的方法,以新加坡全体国民为"分红"对象。新加坡财政盈余能有分红,得益于政府的清廉与财政收入的增长,而在政府的财政收入中,税收收入占较大比重,完善的税收制度与税收管理是新加坡财政收入的重要保证。新加坡税收管理最大的亮点在于它的评税制度,新加坡是世界上实施评税制度最好的国家之一,有许多成功的经验。

新加坡是一个单层次政府,没有地方行政机构,中央政府直接管理各项事务,国内收入局则负责国内税收业务,机构设置比较精简。在内部管理方面,国内收入局实行公务员制度,对各类税务人员的等级、薪金、使用、升降、奖励等有明确规定,并做到严格执行。为提高征管效率,国内收入局专门建立了税收电脑中心,负责各种税收的征收、税务资料的储存及查询,通过电脑把国内收入局内部的工作运转连成一个完整的征管系统。

新加坡税务机构致力于为纳税人提供优良的服务,尽力简化居民报税和纳税程序;选派较高层次的税务人员受理纳税人投诉,以确保公平、公正地解决涉税问题;规定服务承诺目标,提高服务水平,并每年由税务局内设的服务标准研究小组和由纳税人代表、税务学术界人士组成的委员会进行检查,年终公布执行情况。例如,在评税过程中为了让纳税人电子报税更加方便,新加坡在报税程序上不断改善,纳税人除了可以使用国内收入局原来发出的电子报税密码外,还可用公积金个人电话进行电子报税,税务机构还提供税单送上门、电话和互联网税务问答、银行账户扣税等服务,这些做法大大减少了纳税人的许多不便,受到纳税人的普遍欢迎。

(资料来源:根据李四海《加强和改善我国税收征管工作的探讨》一文整理形成,中华会计网校,https://www.chinaacc.com/new/287_292_/2010_3_11_xu4761143045111301022 04.shtml,2010)。

练 习 题

一、名词解释

税收管理现代化　　法治化　　信息化　　服务化　　规范化

二、简答题

1. 简述税收管理现代化的要素及其具体内涵。
2. 简述如何进一步加快中国税收现代化建设。
3. 简述如何进一步创新纳税服务机制。
4. 阐述2018年开始并在当年完成的国地税合并对税收管理现代化的深远影响。

三、案例分析

近年来,工业机器人大规模应用于制造业,并且表现出逐年上升的趋势。此外,随着人工智能、物联网等技术的催化效应,机器人的应用场景从工厂走向大众生活,例如,家庭、商店、医院等领域都开始使用机器人。

机器人的大量使用意味着人类工作岗位将被代替,那么,普通工人何去何从?虽然,业内有很多乐观的言论,例如,让机器人做重复低价值的工作,工人可以转型去做更高端的工作。还有倡导人机协作的模式,让机器人协助人类工作。

但是,随着高端技术的突破发展,机器人的工作能力进一步提升,未来可能超过一半的工作将被机器人取代。由此,对于就业危机的担忧,人们依然难以释怀。对此,有人开始提出一个特别的建议:对机器人征税。

(资料来源:根据智慧工业网《对机器人征税,是"愚昧"还是"机智"?》一文整理形成,https://baijiahao.baidu.com/s?id=1645259281804629536&wfr=spider&for=pc,2019-09-21)。

问题:

1. 机器人税的想法是否可行,机器换人带来的失业问题应如何解决?
2. 机器人创造机会还是导致失业?
3. 是否应该对机器人征税?

参考文献

[1] 安仲文,李静敏.税收管理[M].大连:东北财经大学出版社,2010年第1版.
[2] 楚文海,钱晴岚.税收管理概论[M].北京:科学出版社,2018年6月版.
[3] 董根泰,黄益朝.税务管理[M].北京:清华大学出版社,2011年8月版.
[4] 樊勇.税收管理[M].北京:清华大学出版社,2016年7月版.
[5] 龚辉.税收管理[M].北京:经济科学出版社,2017年2月版.
[6] 贾绍华.中国税收流失问题研究[M].北京:中国财政经济出版社,2015年第2版.
[7] 寇铁军,张晓红.财政学教程[M].大连:东北财经大学出版社,2018年8月版.
[8] 何秉松.税收与税收犯罪[M].北京:中信出版社,2004年第1版.
[9] 李传喜.税务管理学[M].北京:中国人民大学出版社,2018年3月版.
[10] 李大明.税收管理与稽查[M].北京:经济科学出版社,2004年第1版.
[11] 梁俊娇.税收管理[M].北京:中国人民大学出版社,2016年9月版.
[12] 王明世.税收预约裁定制度:路径与方法选择[M].北京:中国税务出版社,2016年1月版.
[13] 王明世.环境保护税一本通[M].北京:中国财政经济出版社,2018年3月版.
[14] 王明世.社会保险费一本通[M].北京:中国财政经济出版社,2020年4月版.
[15] 王珮,李翠红.税收理论与实务[M].北京:知识产权出版社,2019年4月版.
[16] 吴旭东,田雷.税收管理[M].北京:中国人民大学出版社,2016年9月版.
[17] 杨森平,李日新.税务管理[M].广州:暨南大学出版社,2009年第1版.
[18] 曾金渊.税务行政法学[M].合肥:安徽大学出版社,2006年第1版.
[19] 朱军,吴健.中国税制(第二版)[M].南京:南京大学出版社,2019年12月版.
[20] 滕祥志.关于税收代扣代缴制度的几个疑难问题探讨[C].中国法学会财税法学研究会2007年年会暨第五届全国财税法学学术研讨会论文集,2007年10月,389-403.
[21] 柴燕.税收遵从与税收风险管理流程[J].现代经济信息,2018(04):266.
[22] 丁源.税务管理现代化浅析[J].税务研究,2014(12):63-66.
[23] 董辰.论法律文本中的法律救济条款设置[J].人民论坛:中旬刊,2017(07):116-117.
[24] 贾博.非税收入划转与国家治理[J].税务研究,2019(06):110-114.
[25] 刘慧平.完善我国税收风险管理与纳税信用管理[J].湖南税务高等专科学校

学报,2019,32(03):35-41.

　　[26] 刘磊.论税务审计[J].税务研究,2017(11):5-15.

　　[27] 来连琴.浅谈对个体零散税收实行委托代征的几点思考[J].新财经(理论版),2012(11):229-231.

　　[28] 王明世.电子发票改革前瞻及推进建议[J].税收征纳,2017(03):11-13.

　　[29] 王明世,刘冬,周文.通过应用大数据简化税收征管程序的构[J].国际税收,2016(02):74-77.

　　[30] 王明世.税收征管如何实现现代化?[J].新理财,2016(08):72-73.

　　[31] 王乾,王明世,唐枫,王惠丽.新冠肺炎疫情防控税费优惠主要政策重点解析[J].注册税务师,2019(04):30-34.

　　[32] 王磊.全面规范政府非税收入管理加快建立现代财政制度[J].经济师,2019(08):108-109.

　　[33] 谢波峰.税收管理现代化的历史演进试析[J].财政科学,2018(09):31-39.

　　[34] 张斌.改革国税地税征管体制推进税收管理现代化[J].中国财政,2018(09):36-37.

　　[35] 郑秉文.社会保险降费与规范征收:基于公共政策分析的思考[J].税务研究,2019(06):3-9.

　　[36] 赵方.我国纳税评估存在的问题及解决措施[J].河北企业,2019(09):66-67.

　　[37] 朱军,李新星.我国出口货物退(免)税制度的问题及其完善[J].经济纵横,2015(03):120-124.

　　[38] 朱军,贾绍华.深化区域经济协调战略的税制改革研究[J].经济体制改革,2014(05):53-57.

　　[39] 朱军,我国电子商务税收流失问题及其治理措施[J].财经论丛,2013(02):42-49.

后 记

改革开放以来,中国的国民经济和社会发展取得了翻天覆地的变化。伴随这一过程的是中国财税体制改革、税收管理工作的深刻变革。当前,随着信息与网络互连、个性特征凸显、人工智迅速发展时代的到来,我们在保持传统税务管理的同时,体现税收管理服务国家治理与整个公共服务"供给侧"改革的需求,是我们编写《税收管理》教科书的初衷。

面对这一时代要求,无论是税制建设,还是税收征管,中国都需要立足自身的国情实际去改革完善。与此同时,我们也需要借鉴国际先进经验、结合当代人工智能时代的现实需求,去实践、总结、编写、传授前沿的税收管理知识和业务经验。这要求我们的税收征管工作必须要走出一条中国特色的前行之路,力争为未来的国家治理体系和治理能力的建设添砖加瓦。并且,我们的税收管理也必须走出一条从传统模式向现代模式迈进的变革之路,走上不断融合智能化、便利化、满足组织和个人个性化需求的改革之路。

而在当前,中国的税制改革正在不断深入进行,税法也相应进行了一系列的重大调整。譬如,党的十九大报告在税收工作方面,强调要聚力推进税收现代化。近几年来,中国重要的税收征管改革在不断推进。2018年改革了国税地税征管体制,实行了国地税合并;2019年推行了个税改革;2019年,国家税务总局发布《全国税务机关纳税服务规范》(3.0版)和《税收征管操作规范》。这些都对中国的税收管理提出了新的要求。对此,本人认为:我们的教学必须紧跟时代的步伐,必须要系统化地传播前沿的税收知识,必须要编写体现最新特征的专业教材。只有这样,我们才能满足中国税收现代化的需求。

值得一提的是,在教材成书之际,江苏省税务局法学博士张爱球同志欣然应允作序,在此笔者表示衷心的感谢!作者全部初稿完成之后,扬州税务干部学院客座研究员王明世同志修改、审定了全稿。王明世同志是税收征管方面的一线专家,熟悉各项税收征管政策,对《税收征管法》《行政诉讼法》等各项法律条款更是如数家珍。在此,作者衷心地感谢王明世同志对本教材的辛劳付出!

此外,本书的编写也得到了南京财经大学财政与税务学院程瑶教授、张秀莲副教授、史玲副教授和吴国平副教授的大力支持。在本教材编写过程中,还需要特别感谢我的学生谢小单、杨志伟、陈怡颖、季亚雯、周书娟、赵文超、周于峰、朱云香、赵菁、朱雨萱、冷若琪、王乾等所做的助研工作!

最后,本人虽尽了自己的最大努力,但由于水平有限、阅读大量资料后的回溯能力有限，本教材所引资料的参考文献可能未完全在列——恳请原著者体谅！当然，书稿中所有的观点不代表序作者和主审专家的立场，文责由主编者负责。同时教材中难免错误，恳请各位同仁批评指正，以便将来再版时更正。

如需全套教学资料（含PPT、题库）请联系作者：247937882@qq.com

南京财经大学财政与税务学院、公共财政研究中心教授　朱军

2020年3月底于德经楼427